UNSINKBAR

Das Geheimnis der HANSA-Kogge

Boris Pfeiffer

UNSINKBAR

Das Geheimnis der HANSA-Kogge

Mit Illustrationen von Silke Herr

HINSTORFF

WIR BAGALUTEN LÖSEN DEN FALL!

INHALTSVERZEICHNIS

1 AHU!

„Und wer hat uns das geschenkt?“

Die vier Kinder starrten mit großen Augen auf den kleinen Einmaster, der auf einem Anhänger nahe der mächtigen Linde auf dem großen Parkplatz stand, direkt gegenüber dem Ostseestadion. Das Heck des Schiffes wies unter einem stolzen Kastell auf den Stein vor dem Stadion und an seinem Mast schlug ein blaues Segel mit einem weißen Greif leicht im Wind.

Die Kinder gehörten zur Bagaluten-Bande, dem Kids-Club des F.C. Hansa Rostock. Es war der erste Ferientag.

Das Schiff war eine echte, nagelneu gebaute Kogge. Finja, die Jüngste der Gruppe, die trotzdem immer sehr viel mehr wusste als ihre Freunde, grinste fröhlich: „Die kommt von einem Schiffsbauer aus Schweden, aus Malmö! Der ist ein riesiger Hansa-Fan und hat bei seinem letzten Besuch mitgekriegt, dass das mit unserem Vereinsmuseum hier nicht geklappt hat. Und dann hat er die Kogge gebaut. Da drin, meint er, kann der Verein doch prima ein Museum einrichten.“

„Ein Vereinsmuseum in einer Kogge für die Hansa-Kogge, das ist hammergut!“ Max, ein rothaariger Hüne, mit seinen 14 Jahren Ältester des Kids-Clubs, war begeistert.

„Und selbst gebaut ist die?“, fragte Oskar. „So ein Riesending! Und das extra für den F.C. Hansa! Au Mann, ahu!“ Oskar

UND WER HAT UNS DAS GESCHENKT?

war etwas jünger und etwas kleiner als Max. Auf seinen langen, dünnen Beinen erinnerte er manchmal ein wenig an einen Storch, wohingegen seine dunklen, wild abstehenden Haare über dem schmalen Gesicht eher den schwarzen Kopffedern eines ungekämmten Mittelsägers zu gleichen schienen. Staunend umschritt er das Schiff.

„Echte Handelskoggen waren viermal so groß“, erklärte ihm Max. „Aber voll egal! Die ist genau richtig für uns. Und die ist wirklich für uns?“

„Ja!“, erklärte Finja. „Und wir Bagaluten dürfen sie einrichten und benutzen!“

Oskar seufzte ergriffen. „Ich bin platt! Über jeden Zentimeter Schiffsplanke, den ich hier vor mir sehe, vollkommen platt.“ Er sah fragend in die Runde. Sein Blick blieb schließlich an Beeke hängen.

Die sommersprossige Bagalutin, die bisher noch gar nichts gesagt hatte, merkte es nicht. Sie sah nur staunend die Kogge an. Dann meinte sie plötzlich: „Da steht gar kein Name dran. Die ist noch gar nicht getauft!“

Finja lächelte. „Das dürfen wir übernehmen! Deswegen ist sie ja auch auf dem Trailer gebracht worden. Die war noch nie im Wasser.“

„Wir machen die Jungfernfahrt!“, rief eine helle und laute Stimme.

Sie gehörte Mats Maatens, einem sehr dünnen und kleinen Blondschopf, der eben mit seinem älteren Bruder Birger zu Fuß ankam. Er hüpfte auf und ab. „Ich dachte erst, warum steht ihr denn alle auf dem Parkplatz rum? Aber dann sehe ich das Schiff! Und dann höre ich, was ihr sagt, und denke, ich traue meinen Ohren nicht. Ist das alles wahr? Echt? Das ist ja mega! Das ist mehr als normal! Wie geht denn sowas? Ey, Leute, wie geht das?“

Finja sah ihn an und wartete ab. Sicherheitshalber war das bei Mats geboten, denn niemand redete so viel und so schnell wie er. Aber zum Glück konnte er auch zuhören. „Bei Malmö FF“, erklärte sie dann, „haben sie schon länger ein Fan-Museum. Und der Hansa-Fan aus Malmö findet, dass wir endlich auch eins brauchen. Da hat er mit Hansa ausgemacht, dass er eine Kogge für unseren Verein baut. Das wollte er schon immer machen. Und wir …"

„Wir sind die Hansa-Kogge!", rief Beeke. „Klar, dass das passt! Und ab heute sind wir die Hansa-Kogge mit einer richtigen Kogge! Aber wie soll sie heißen?"

„Ahu!", jubelte Mats. Mit seiner hellen Stimme klang er dabei ein bisschen wie eine hungrige Möwe und nicht wie der Fanruf auf der Südtribüne.

Finja hob beide Hände. „Aber das wird auch ein bisschen Arbeit! Wir müssen unser Museum in der Kogge jetzt auch einrichten. Das haben Christina und Markus schon mit dem Verein abgemacht."

„Die sind die besten Kids-Club-Betreuer aller Zeiten!", lachte Oskar.

„Wir haben sogar einen Schlüssel für die Kogge!" Finja zeigte auf ein Schlüsselband in den Rostocker Farben, das um ihren Hals hing. Sie zeigte auf eine Tür unter dem Achterkastell. „Da drin und unter Deck wird das Vereinsmuseum eingerichtet. Und die Kapitänskajüte wird unsere Bagaluten-Banden-Bude!"

„Dann helfe ich dir ab jetzt in der Kogge bei den Schularbeiten", flüsterte Beeke Oskar zu. „Das ist besser als in der Schule am Nachmittag!" Oskar sah seine Freundin zustimmend an.

„Und wir schmücken sie mit unserem Banner“, sagte Max. „Das ist wirklich ein super Treffpunkt für alle Bagaluten.“

„Stimmt“, sagte Birger bedächtig. „Das ist noch besser als im Garten unserer Großmutter. Nichts geht über einen Verein wie Hansa.“ Dass Birger der ältere Bruder von Mats war, hätte niemand erkannt, der es nicht wusste. Mats war nicht nur schmal und hellblond, sondern kreischte und schrie fast immer und hüpfte aufgeregt hin und her, während Birger mit seinen dunkelbraunen Haaren und kräftigen roten Wangen eher wie ein nicht ganz fest aufgepumpter Ball wirkte, der seinen großen runden Kopf beim Sprechen nachdenklich von einer Seite zur anderen rollte.

„Dann her mit den ersten Ausstellungsstücken!“, erklärte Beeke. Sie lächelte. „Wir wissen doch, wo die aufbewahrt sind. Das hat uns Christina neulich gezeigt. Die Dinge, die in das Museum kommen sollten, aus dem dann damals nichts geworden ist.“

„Klar“, gab Birger zurück. „Im Stadion.“

Beeke grinste. „Und wenn wir das erledigt haben, richten wir uns die Bagaluten-Kajüte als Treffpunkt ein. Da kann sich dann jeder alles über die Bagaluten-Bande anschauen!“

„Wenn meine Eltern schlechte Laune haben, bin ich da nur noch!“, stellte Max lachend fest.

„Und ich nähe uns eine Bagaluten-Fahne!“, rief Finja.

„Woher wusstet ihr Mädchen eigentlich schon wieder so früh, dass wir eine Kogge bekommen?“, fragte Mats.

Beeke spitzte die Lippen. Während ihre Wangen sich spannten, schienen ihre Sommersprossen zu tanzen. „Die Kogge haben Christina und Markus mit dem Trailer hinten am Bagalutenbus heute ganz früh hergefahren. Direkt von der Fähre. Und weil Finjas Vater Hafenmeister ist, wusste er Bescheid. Also hat Finja zugeguckt und ist dann mit hierher gefahren. Und außerdem hat sie mich angerufen. Und danach ja wohl auch euch, sonst wärt ihr nämlich noch lange nicht hier."

Birger legte seinem Bruder eine Hand auf die Schulter. „Logisch, oder, Mats?"

„Ja, ja, klar, klar!", quietschte Mats. „Aber wisst ihr, was das heißt?", brüllte er dann. „Eine eigene Bagaluten-Kajüte! Da können wir alles ausstellen, was wichtig ist! Ey, und wenn das Museum geschlossen ist, dann ist das auch noch das mega Geheimversteck. Da drin denken wir uns Piratenschreie aus und Walgesang-Fanlieder! Und dann fahren wir mit dem Bagaluten-Bus rund ums Stadion und singen sie über Lautsprecher! Und laden alle ins Museum ein! Alle!"

Birger breitete die Arme aus. „Ja!", sagte er dann gedehnt. „Das ist ein wahres Geschenk! Sowas kriegt man eigentlich nie."

„Und wo ist der Bus mit Christina und Markus?", fragte Mats, der es liebte, Fragen zu stellen.

„Sie haben ihn weggefahren, damit der Parkplatz nicht total blockiert ist", antwortete Finja. „Ein paar Leute hier fanden das vorhin nämlich nicht so gut, dass der fast ganz mit einem Schiff und einem Bus zugeparkt war. Die Kogge jedoch kann erst später aufs Stadiongelände. Deswegen sollen wir jetzt auf sie aufpassen."

„Ahu!", summte Birger zustimmend. Der ältere der Maatensbrüder begnügte sich meistens mit ein paar zustimmenden oder ablehnenden Lauten. Von daher kam es jetzt einem kleinen Orkan gleich, dass er noch hinzufügte: „Greifenkrass!"

Die übrigen Bagaluten lachten.

„Und was kommt da genau ins Museum?", fragte Oskar.

„Natürlich alles, was damals nicht ins Museum gekommen ist", antwortete Beeke. „Da sind ein paar große Kisten mit Ausstellungsgegenständen. Die werden wir auspacken und aufbauen. Und dazu kommt natürlich alles, was wir noch zusammenbekommen. Wir müssen die Fans fragen, ob sie was zum Zeigen haben."

„Bestimmt jede Menge!" Max sah zum Segel der Kogge. „Echt schön!", seufzte er. „Eine Kogge für Hansa, eine richtige handgebaute. Der Schiffsbauer muss Hansa lieben."

„Ja, muss er", sagte Oskar.

„Das ist eben wahre Fanfreundschaft!", rief Mats.

„Und wisst ihr, was noch toll wäre?", fügte Beeke plötzlich hinzu. „Wenn wir, sobald das Museum fertig ist, nach Malmö fahren und denen auch ein Geschenk bringen."

„Das ist eine coole Idee!", rief Finja. „Und wisst ihr, was wir ihnen bringen? Aber nur geliehen?!"

Die Bagaluten sahen sie erwartungsvoll an.

„Die DDR-Meisterschale!", lachte Finja. „Schließlich waren wir Pokalsieger und letzter Meister der DDR! Denkt an das Foto im Fan-Shop, auf dem Uwe Reinders und Jürgen Decker zu sehen sind, wie sie 1991 als Trainer und Co-Trainer die Schale in Händen halten! Und weil wir gewonnen haben, ist Hansa in die Bundesliga gekommen!"

Mats nickte beeindruckt. Dann lachte er: „Wir besuchen die in Malmö mit der Meisterschale. Und dazu schenken wir

UWE REINDERS UND JÜRGEN DECKER · 1991

dem Schiffsbauer ein Trikot mit allen Unterschriften unserer Spieler und unseren gleich dazu!“

„Top“, nickte Birger.

In diesem Moment hupte es hinter den Bagaluten. Erschrocken drehten sie sich um.

„Macht euch mal weg da!“ Aus dem offenen Autofenster eines alten Kombis mit langgezogener flacher Schnauze und großen Doppelscheinwerfern sah sie ein junger Mann an. Er trug einen Hoodie mit der Kapuze über dem Kopf. „Was soll das Ding hier?“

„Parken“, rief Max. „Aber nur kurz. Und das ist kein Ding, sondern eine Kogge.“

ABER DIE KOGGE
IST FÜR HANSA!

„Das geht gar nicht!", kam es wie aus der Pistole geschossen zurück. „Das ist kein Hafen, sondern ein Parkplatz!"

„Aber die Kogge ist für Hansa!", rief Mats. „Die hat Hansa geschenkt bekommen und wir ..."

„Stell mal deine Sirene ab!", fauchte der Mann. „Und sagt euren Eltern, das ist verboten! Hier ist kein Parkplatz für Privatanhänger. Hier parken nur Autos. Euer Ding blockiert damit öffentlichen Parkraum!"

„Aber Mats sagt die Wahrheit", bemerkte Max freundlich. „Das ist nicht privat, das ist von Hansa!"

Der Mann kniff die Lippen zusammen und holte Luft. In seinen hellgrünen Augen blitzte es wütend. „Na und?", zischte er dann. „Das ist keine Entschuldigung für eure ungesetzliche Aktion." Er fuhr ein Stück vor. „Wenn ihr nicht wollt, dass ich euren Anhänger auf die Kupplung nehme und abfahre, dann schafft ihr das Teil jetzt weg. Und zwar dalli-dalli!"

„Ungesetzliche Aktion?", wiederholte Oskar. „Das ist die neue Hansa-Kogge!"

„Und ich will hier parken", sagte der Mann gereizt. „Reicht euch Fußballwilden das Stadion nicht? Wollt ihr jetzt auch noch den Parkplatz übernehmen? Euer Verein beansprucht hier sowieso schon mehr Platz als jeder andere."

„Aber das ist für Hansa!", sagte Oskar noch einmal.

„Muss ja nicht jeder Fußball lieben", knurrte der Mann. „Wenn ich es nicht eilig hätte, würde ich euch das Drecksding eigenhändig zerlegen! Echt! Mir sollte mal einer eine Kogge schenken ..." Er winkte ab, ließ sein Fenster hochsurren und fuhr seinen alten Kombi mit einem ordentlichen Tritt aufs Gaspedal weiter.

Die Bagaluten sahen sich an. „Was ist denn mit dem los?“ Beeke war ein bisschen blass um die Nase.

„Schlechte Laune, schlechter Tag …“ Max zuckte die Achseln. Er sah dem Mann in seinem Wagen hinterher, der in diesem Moment einen freien Parkplatz fand und dort einparkte. Gleich darauf stieg er aus und ging davon, ohne die Bagaluten noch einmal anzusehen.

„Alles in Butter! Er ist weg.“ Oskar legte Beeke eine Hand auf den Arm. „Vergiss ihn einfach! Gleich macht das Stadion auf und dann liegt der Hase auch nicht mehr im Pfeffer.“

„Was?“, kreischte Mats und lachte. „Der Hase im Pfeffer? Was ist das denn?“

„Das ist Butter bei die Fische“, lachte Oskar zurück. „Los, Bagaluten, gehen wir Ausstellungsstücke suchen!“

„Und die Meisterschale!“, rief Mats.

Beeke zwinkerte ihm zu. „Und die Meisterschale!“

ALLES IN BUTTER!

DER HASE IM PFEFFER?

WIR SIND DIE BAGALUTEN!

Max, Finja, Oskar, Mats, Birger, Beeke – sie alle sind miteinander befreundet. Und sie gehören der „Bagaluten-Bande“ an, dem Kids-Club des F.C. Hansa Rostock. In ihm können alle Kinder zwischen 0 und 14 Jahren Mitglieder werden. Und was ist das Tolle an den Bagaluten? Du bist Deinem Lieblingsverein ganz nah, kannst Lieblingsspieler treffen, es gibt Feste, die nicht alle nur mit Fußball zu tun haben, und eine Fußballschule – in der man besser Fußballspielen lernen und vor allem ganz viel Spaß haben kann. Und was bedeutet nun Bagaluten?

Bagaluten sind wilde, manchmal auch ein bisschen freche Kinder. Wie die Kinder im Kids-Club des F.C. Hansa!

Finja weiß sehr viel! Auch das mit der Meisterschale 1991 und dem damaligen Trainer: Uwe Reinders. Weißt Du, wer sonst noch Trainer war bei Hansa – und wer nicht?

Auf den Seiten 108 und 109 kannst Du nachschauen, ob Deine Antworten richtig sind.

a) Friedhelm Funkel
b) Julian Nagelsmann
c) Jürgen Tuchel
d) Thomas Klopp
e) Andreas Zachhuber
f) Harry Potter
g) Frank Pagelsdorf
h) Toni Kroos
i) Ewald Lienen
j) Bernd Dasbrot
k) Horst Hrubesch
l) Bernd Hollerbach
m) Jan Ullrich
n) Jens Härtel

2 SO GENIAL!

„Das sieht echt gut aus!“ Beeke blickte stolz auf das, was die Bagaluten geschafft hatten. Und das war wirklich einiges.

Die Kogge stand mittlerweile auf hölzernen Stützen auf dem Stadiongelände, bereit für ihre erste große Ausfahrt. Was in diesem Fall hieß: die erste Besichtigung durch die Zuschauer in zwei Tagen, dem kommenden Samstag, an dem ein Freundschaftsspiel zwischen Hansa und Malmö stattfinden sollte. Denn auch das mit dem Spiel hatte der Fan aus dem Norden geschafft zu organisieren. Sein Trailer war ein Stück entfernt geparkt. Er würde ihn demnächst zurückbekommen.

Die Kids-Club-Mitglieder hatten nicht nur eine Menge seltener und fast schon vergessener Erinnerungsstücke des Vereins aus einem versteckten Raum im Stadion ausgegraben, sondern dazu auch noch Kontakt zu vielen verschiedenen Fans aufgenommen, die versprochen hatten, noch ein paar ganz besondere Ausstellungsstücke vorbeizubringen.

Für den Augenblick fanden sich im Museum ein uralter Pokal, auf dem drei Fußballspieler als eingraviertes Bild um den Ball kämpften, abgerissene Eintrittskarten aus dickem Papier, Schwarzweiß- und Farbfotos von ehemaligen Spielern und mit jubelnden Fans. Dazu Autogrammkarten, ein wunderschöner gelb-blauer und ein türkis schillernder

Wimpel, alte Schuhe, mehrere Pokale und die lange Geschichte von Hansa auf einem großen Plakat, Jahr für Jahr aufgedruckt und erzählt. Und dann noch ein riesiges, verbeultes Megaphon, das in den Hansafarben bemalt war.

„Das hatte mal ein Vorsänger früher auf der Südtribüne", meinte Max. Er setzte es an und rief: „Ahu! Ahu! Ahu!", sodass es laut über die Kogge hallte.

Die Bagaluten stimmten ein. Alles, was sie gefunden hatten, lag und hing nun feinsäuberlich ausgestellt in einigen Vitrinen und den Regalen an den Seitenwänden des neuen Kogge-Museums. Auch Christina und Markus waren schwer beeindruckt, als sie vorbeikamen. „Was ihr alles zusammenbekommen habt!", staunte Christina. „Das ist mehr, als ich kenne!"

„Es gibt einfach viele Leute, die Ausstellungsstücke für das Hansa-Museum geben wollen", sagte Max. „Ein paar sind schon gekommen und haben was gebracht. Und das werden bestimmt noch mehr!"

„Es ist großartig, dass ihr das in die Hand genommen habt, Bagaluten!", freute sich Markus. „Weil wir das vorher nie richtig ausstellen konnten, war mir nicht klar, was für Schätze das sind. Jetzt sieht es richtig super aus!"

Die Arbeit hatte sich wirklich gelohnt, das fanden auch die Bagaluten.

„Alle Fans, die wir angerufen haben, waren sofort Feuer und Flamme, wenn wir vom neuen Museum erzählt haben", sagte Oskar begeistert. „Hansa ist eben eine große Familie!"

„Und das Freundschaftsspiel zwischen Hansa und Malmö ist genial für die Eröffnung", verkündete Finja. „Da wird ja auch die Hüpfburg aufgebaut!"

WAS IST DAS DENN?

„Abgefahren!“, brüllte Mats, der in diesem Moment zusammen mit Birger ankam. Zwischen sich trugen die Brüder einen schweren, schwarzen, technisch aussehenden Kasten.

„Was ist das denn?“, fragte Oskar neugierig.

„Ein echt altes Funkgerät“, rief Mats.

„Ein bisschen umgebaut“, fügte Birger hinzu.

„Ja, genau!“, rief Mats. „Das war mal ein echtes altes Funkgerät, aber jetzt ist es eine Geschichtenerzählmaschine.“

„Was soll denn das bitte sein?“ Verwundert blickte Max auf den dunklen Kasten.

„Das hat unser Vater gebaut“, erklärte Birger. Seine Augen leuchteten stolz und für einen Moment sah er mit seinen roten Wangen aus, als wäre sein großer runder Kopf die Sonne, die über der Ostsee aufging. „Damit kann man Geschichten aufnehmen …“

„Aha? Und wie …“ Max runzelte die Stirn.

„Na, ganz einfach! Das war mal ein Funkgerät. Und jetzt ist es eine Aufnahmemaschine. Da drin hat unser Vater einen digitalen Rekorder eingesetzt. Das ist die leichteste Übung für einen Ingenieur. Und passt super in die Kogge. Da können die Leute erzählen, was sie toll finden und was sie alles mit Hansa erlebt haben.“

Finja nickte, sie hatte verstanden. „Coole Idee! Das ist so, wie man es in jedem Smartphone hat.“

„Sage ich doch!“, rief Mats. „Nur dass man mit dem Geschichtenerzählgerät nicht telefonieren kann. Dafür reist man eben mit ihm in die Vergangenheit. Und wisst ihr was? Das Funkgerät stand früher auf einem Kutter …“ Er und sein Bruder stellten es an. Mats drückte eine rote Taste, auf der ‚Aufnahme‘ stand.

Etwas im Inneren des Geräts begann zu summen und Mats schnappte sich das Mikrofon, das in einem Halter an der Seite baumelte. Er hielt es sich vor den Mund: „Bagaluten an alle Hansa-Fans! Das Hansa-Museum in der Hansa-Kogge geht heute auf große Fahrt. Alle sind eingeladen mitzukommen und zu sagen, äh ... was sie zu sagen haben! Und zwar über Hansa natürlich! Jede gute Geschichte muss erzählt werden! Jeder besondere Hansa-Moment! Und alle Supererlebnisse aus dem geilsten Stadion der Welt. Und zwar jetzt!“ Mats sah in die Runde. „Und ich fange an!“ Er hielt sich das Mikrofon so dicht vor den Mund, als wolle er hineinbeißen, und rief dann so laut er konnte: „Mats an alle: Ahu, ahu, ahu!“

„Warte, du Blechkopp!“, kicherte Finja. Sie nahm einen Putzeimer, der auf dem Boden stand. „Sprich mal da rein!“

„Warum?“, fragte Matz.

„Dann klingst du wie der Klabautermann, du Schiffsquälgeist!“ Finja setzte Mats den großen Eimer auf den Kopf und im selben Moment klangen die empörten Schreie des jüngeren der Maatensbrüder hell auf. „Lass mich raus! Lass mich raus! Hau ab! Hau ab!“

„Das heißt Ahu!“, lachte Finja.

Auch die anderen Bagaluten brachen in schallendes Gelächter aus.

„Haha, du klingst wie Kalle mit Keuchhusten“, spottete Beeke.

Kalle war das Maskottchen der Hansa-Bagaluten, eine riesige Seemöwe.

„Kalle spricht doch nicht“, kam es aus dem Eimer zurück.

„Trotzdem, so klänge er bestimmt, wenn er sprechen würde

DU KLINGST WIE KALLE MIT KEUCHHUSTEN.

und Keuchhusten hätte", rief Beeke. Sie sprang vor und kitzelte Mats ab, der sich nicht wehren konnte, weil er nicht sah, wo die Hände herkamen. Jammernd kicherte und krümmte er sich und klang jetzt wie ein verrückter Klabautermann im Sturmwind, der von einer schreienden Möwe gejagt wurde.

Die Bagaluten johlten vor Vergnügen.

„Ahu!", brüllte Mats. „Der Geist von Kalle kommt über euch und ihr fliegt gleich alle über das Ostseestadion bis in die Ostsee! Dann habt ihr Glück, wenn die Kogge euch rettet, sonst werdet ihr Fischfutter, ihr Fußballpiraten."

Geschickt drehte er sich zur Seite und riss sich gleich darauf den Eimer vom Kopf. Sein Gesicht war knallrot, aber er strahlte vergnügt. Dann machte er das Geschichtenaufnahmegerät aus. „Das ist ja wohl die beste erste Geschichte, die man sich überhaupt nur ausdenken kann!", rief er begeistert. „Anhören, los!"

„Nein, nicht jetzt!" Birger nahm seinem Bruder das Mikrofon aus der Hand. „Pause!"

„Es wäre echt gut, wenn die Hansa-Fans uns ihre Reportagen liefern würden", sagte Finja. „Dann schließen wir ein paar Kopfhörer an die Maschine an und alle, die Lust haben, können sich die Geschichten hier anhören. Vielleicht wollen sie danach auch selbst etwas erzählen. Ich habe eine Idee!" Sie lief zu ihrem Rad, das sie neben der Kogge abgestellt hatte, und zog einen Farbtopf aus der Fahrradtasche. „Die Farbe ist das originale Hansa-Rot der Kogge", erklärte sie. „Eigentlich wollte ich damit ein Museumsschild malen. Aber was ist, wenn wir dazu noch ein Plakat machen, auf dem wir die Fans zum Geschichtenerzählen einladen? Dann lesen sie das und kommen am Samstag alle an Bord. Und wir nehmen sie auf. Also auf den Funkgerät-Rekorder."

„Genial", rief Max.

Im Handumdrehen waren Pappe und ein Pinsel besorgt. Max, der die schönste Schrift hatte, malte in großen Buchstaben die Botschaft auf das Schild. „Hier Aufnahme für die Hansa-Kogge. Dein Verein, deine Geschichte, deine Stimme für alle Hansa-Fans!"

„Super!", befand Beeke.

Und ich habe auch noch etwas." Max griff in einen Rucksack, den er umhängen hatte. Er zog ein verblichenes blaues Trikot mit langen Ärmeln und einem weißen Kragen hervor, wie es keiner der Bagaluten-Bande je zuvor gesehen hatte. Quer über der Brust lief ein aufgenähter weißer Streifen, auf dem in Großbuchstaben HANSA stand. Darüber war klein und rund ein Aufnäher mit der Kogge zu sehen. „Das hängen wir dazu, das sorgt für Aufmerksamkeit!"

„Das Trikot sieht ja fast aus wie eine Bluse von meiner Urgroßmutter!", lachte Finja. „Das hat sogar weiße Bündchen an den Ärmeln!" Sie befühlte eines von ihnen, an dessen Ende sich wirklich ein weißer Bund befand. „Schön eng am Handgelenk", meinte sie fachkundig. „Damit es nicht schlackert beim Spiel."

„Heute sitzen Fußballtrikots viel enger!“, meinte Oskar. „Und wenn die Spieler im Winter lange Ärmel haben, dann liegen die direkt auf der Haut.“

„Da kann man nicht so leicht festhalten und foulen“, grinste Birger.

„Früher ist es bestimmt nicht so einfach gewesen, eng ansitzende Trikots herzustellen“, sagte Beeke.

„Das Trikot ist aus der Saison 89/90“, erklärte Max. „Mein Onkel René hat es mir aus seinem Trikotzimmer gegeben. Aber nur für die Eröffnung. Danach will er es wiederhaben. Es ist echt selten! Und wir dürfen das Trikot auch nur zeigen, wenn wir es hier absolut sicher unterbringen. Das musste ich ihm versprechen. Es ist ein Original!“

„Fühlt sich auch so an“, meinte Finja. Sie sah auf. „Glaubt ihr, dass wir das garantieren können? So ein Trikot will doch jeder echte Hansa-Fan mal anfassen und am liebsten mitnehmen.“

„Echte Hansa-Fans machen nichts kaputt und klauen nichts aus dem Hansa-Museum“, rief Mats.

„Trotzdem zeigen wir es besser hinter Glas in einer abschließbaren Vitrine“, erklärte Beeke. „Und ich habe noch eine Idee: Max’ Onkel René kommt einfach zur Ausstellungseröffnung. Dann kann er jedem erzählen, woher er das Trikot hat. Und von wem! Das wird die perfekte Museumsführung hier! Jeder, der uns etwas Tolles bringt, kann auch gleich was dazu erzählen!“

Max nickte begeistert. „Das macht Onkel René bestimmt.“

Beeke kicherte. „Das wird die kostbarste Ladung, die eine Kogge je in sich trug, diese Ausstellung.“

Birger griff nach dem Farbeimer, der neben dem Schild stand und immer noch mehr als halbvoll war. „Ich bring den mal an Bord. Nicht, dass da einer reintritt oder ihn umschmeißt!“ Er grinste Mats an. „Gibt ja kleine Brüder, die kicken alles, bevor sie wissen, was es ist.“

„Ich kicke keine Farbeimer!“, sagte Mats. „Höchstens dir an den Kopf!“

Birger lachte leise. Er zeigte auf den Deckel des Farbtopfes, der vor Mats Füßen lag. „Alles klar, Herr Hellwach. Dann nimm bitte gleich den Deckel und setzt ihn noch auf den Eimer.“ Birger verschwand im Schiff.

„Ich freue mich so!“, rief Finja. „Am Samstag rennen uns die Leute bestimmt die Kogge ein!“

In diesem Moment kamen Christina und Markus noch einmal vorbei. Sie trugen ein langes Banner der Bagaluten, auf dem ‚Eröffnung‘ stand. „Hier, frisch gedruckt, das können wir Samstag mit an die Reling hängen.“ Die Bagaluten jubelten.

„Das wird so krass!“

„F.C. Hansa!“

„Genau!“

„Ja, das wird mega!“, brüllte Mats. „Und am allerliebsten würde ich jede Nacht hier schlafen, so genial ist das!“

„Und jetzt Abmarsch“, erklärte Markus, als Birger aus der Kogge zurückkam. „Für heute ist Spielschluss.“

Rasch räumten die Bagaluten alles in ihr Schiff. Nur Mats hüpfte vergnügt hin und her und jubelte laut: „Ahu ... ahu ... ahu!“ Niemand bemerkte, dass er vor lauter Jubel vergaß, den Deckel der Farbdose vom Boden aufzuheben und auf den Topf zu setzen.

LAUTER IST ROSTOCK

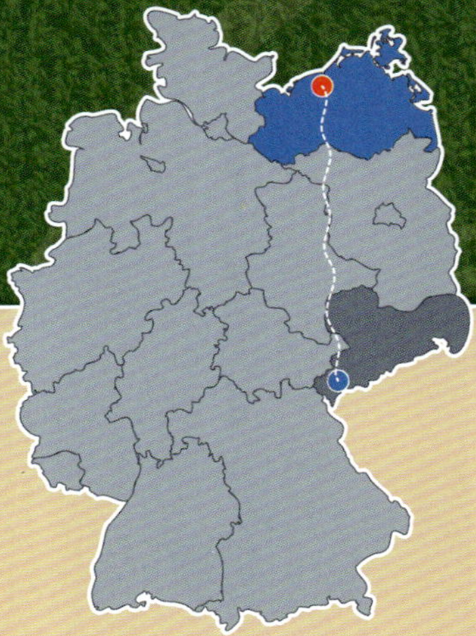

Die Geschichte des F.C. Hansa Rostock begann 1954. Mit der BSG Empor Lauter. BSG stand für „Betriebssportgemeinschaft", und die spielten in der damaligen Oberliga. Doch eigenartig ist: Lauter ist kein Vorwort oder kein Stadtteil von Rostock (sonst hättest Du sicher schon davon gehört). Nein, Lauter liegt viele hundert Kilometer von der Ostsee entfernt. Weil es in Rostock jedoch keinen so erfolgreichen Fußballverein gab, wurde den Spielern von Empor Lauter und dem Trainer gesagt: „Ihr zieht jetzt um, vom Erzgebirge an die Ostsee!" So entstand der SC Empor Rostock, aus dem dann **am 28. Dezember 1965** der F.C. Hansa Rostock wurde.

Rostock gehörte einmal der Hanse an: einem Bund von Städten, die im Mittelalter erfolgreich gemeinsam Handel trieben. Da es noch keine Flugzeuge, keine Eisenbahn und nicht mal einen Lkw gab und zahlreiche Stützpunkte der Hanse an der Ostsee lagen, wurden viele Güter mit Schiffen transportiert. Vor allem mit Koggen. Male Dir Deine eigene Kogge, indem Du die Zahlen von 1 bis 47 miteinander verbindest.

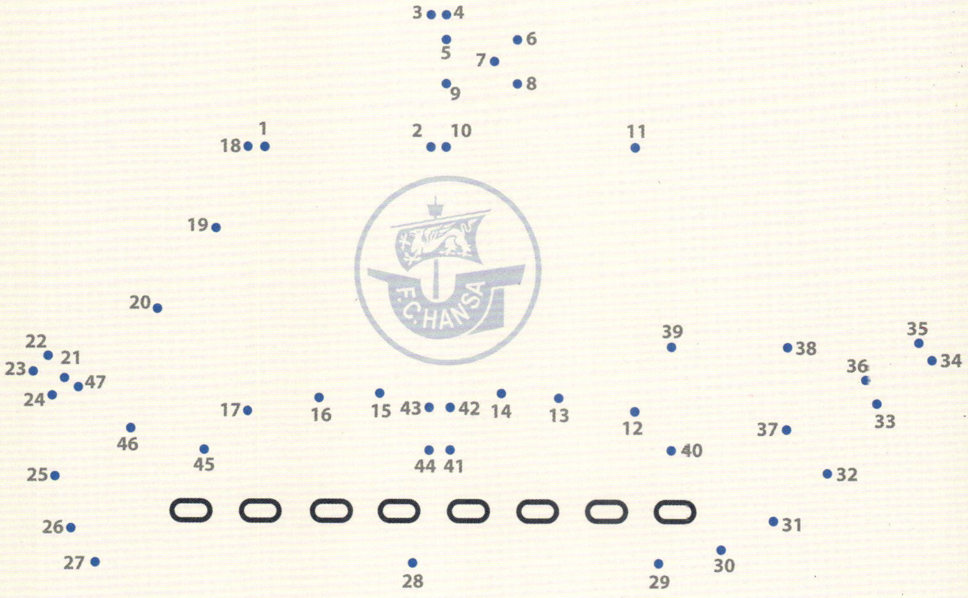

3 HANSA VOR!

Wie meistens, wenn Birger und er aus dem Stadion nach Hause gekommen waren, achtete Mats nach dem gemeinsamen Abendbrot nicht auf seine Mutter, die ihn gerne noch etwas zum Tag gefragt hätte. Gern hätte sie erfahren, was ihre Söhne so begeisterte. Stattdessen verschwand Mats sofort im Kinderzimmer.

„Ich muss noch spielen", rief er. „Du kannst ja mit Papa reden, Mama. Das findet der bestimmt auch gut!"

Das Lieblingsspiel von Mats war ein sehr seltsames. Er sammelte alle seine Modellautos zusammen und stellte sie als zwei Fußballmannschaften auf. Meist spielte er mit einem Torhüter und fünf Feldspielern. Als Ball diente ihm eine Murmel. Und die Tore bildeten ein paar alte Bauklötze oder zwei auf das Dach gelegte Spielzeugautos.

Dann ging es los. Und das war die Schau! Und zwar eine zum Sehen und zum Hören.

Mats nahm nämlich nun die Autos in rasendem Tempo auf, hielt sie senkrecht wie Fußballspieler, schoss den Ball mit den Motorhauben, kämpfte mit einem Wagen in der linken und einem in der rechten Hand hart um das Mittelfeld, dribbelte einen Mercedes elegant mit einem Trabbi aus und jagte dann mit seinem Lieblingsangreifer, der immer nur für den F.C. Hansa auflief, den Ball mächtig ins Tor. Bei dem Stürmer handelte es sich um einen schwarzen Borgward Hansa 2400, der für Mats

DAS IST RAINER-JURI-ENRICO-MAGNUS-PASCAL-STEFAN-SCHULZ

der stärkste Spieler aller Zeiten war. Besonders gern sorgte er dafür, dass der Borgward Hansa den McLaren 720S aussteigen ließ und an ihm vorbei die Murmel ins Tor schob. Manchmal drehte Mats den Borgward davor noch um und erklärte: „Mit der Hacke verwandelt!“, um dann zu Birger gewandt, wenn der in der Nähe war, hinzuzufügen: „Weißt du, wer der hier ist?“.

In diesen Fällen hatte Birger keine Chance zu antworten. Denn Mats übernahm das sofort selbst: „Also, das ist Rainer-Juri-Enrico-Magnus-Pascal-Stefan-Schulz!“

„Der Torweltmeister“, murmelte Birger dann.

Mats nickte nicht einmal. Er war voll konzentriert. Denn neben dem Spielen kommentierte er das ganze Geschehen auf dem Platz auch noch selbst. Und das nicht irgendwie!

Ihm dienten legendäre Hansa-Spiele als Vorlage, die ihm sein Vater auf Kassetten aufgenommen hatte. Sein Vater war auch ein alter Hansa-Fan und hatte über viele Jahre so oft er konnte Reportagen im Radio mitgeschnitten. Mats konnte sie inzwischen auswendig.

Sein liebstes Spiel war eines, das er gar nicht selbst erlebt hatte. Aber von dem sein Vater und auch seine Mutter immer wieder erzählten, und die Freunde und Freundinnen seiner Eltern ebenfalls. Nicht zu vergessen die Großeltern, Tanten und Onkel.

Bochum 1999.

Hansa in der 1. Bundesliga.

Noch, denn es sah nach Abstieg aus. Hansa musste gewinnen. 2:1 führte der VfL Bochum, bis zur 77. Minute. Dann schoss Victor Agali das 2:2. Und sechs Minuten später: „Tooor, Tor für Rostock! Majak, der eingewechselte Majak macht ein Kopfballtor! ... Hansa Rostock führt um 17 Uhr 12 mit 3 zu 2!" Hansa war gerettet. Und die Fans feierten – 7000 im Stadion in Bochum, noch viele mehr in Rostock und am Strand von Warnemünde. Auch der Vater von Mats und Birger war dabei. Immer wieder spielte Mats die Szene nach, kam es aus seinem Mund herausgesprudelt. Wort für Wort jagte er die Reportage ins Kinderzimmer und seine Stimme überschlug sich fast, als Majak-Borgward-Hansa mit der Motorhaube zum entscheidenden Kopfball ansetzte und Bochums Torwart Thomas Ernst nur noch sehr ernst dem Ball hinterherschauen konnte. Natürlich übernahm Mats, anders ging es schließlich nicht, beim Spiel auch die gegnerische Mannschaft. Manchmal spielten auf diese Weise Kleintransporter gegen Rennautos, manchmal ziemlich ramponierte Kleinwagen gegen ein Flugzeug mit nur noch einem Flügel oder einen leer geräumten Autotransporter, den Mats bevorzugt ins Tor stellte. Wenn gegen diesen Tore fielen, sagte er gerne: „Da steht Neuer im Tor! Aber vergeblich!"

Immer wieder versenkte Hansa nämlich erfolgreich den Ball. Denn eines galt auch: War ein Spiel in der Radioreportage für Hansa vielleicht nur unentschieden ausgegangen oder sogar verloren worden, drehte Mats dieses immer noch in letzter Sekunde für seinen Verein um. Dann kam Rainer-Juri-Enrico-Magnus-Pascal-Stefan-Schulz zum Einsatz und wendete selbst das schrecklichste Ergebnis noch in einen grandiosen Sieg.

„So hätte das laufen müssen", lachte Mats Birger danach zu.

Birger liebte diese Spiele seines Bruders. Sie waren für ihn wie ein Hintergrundgeräusch geworden, bei dem er sehr gut lesen und sogar Hausaufgaben machen konnte.

Heute Abend las er, während das Spiel tobte, in einem seiner Bücher zum Leben an der Ostsee etwas über Koggen. Und so verkündete er sofort nach Mats' Abpfiff: „War klug, Mats, nicht auf der Kogge zu schlafen."

„Warum?", fragte sein Bruder sofort.

„Weil es da arschkalt ist. Auf den alten Koggen gab es nur Bretterhütten oder kajütenähnliche Unterkünfte für die Mannschaft. Die Wikinger haben zum Schutz gegen Regen oder Kälte sogar nur Zelte aufgestellt. Aber für gewöhnlich schliefen die Seefahrer auf ganz engem Raum unter Deck oder im Beiboot. Und Wärme spendete nur ein Fell."

ABER GUMMIBÄRCHEN SIND AUCH SEHR HALTBAR!

„Ist aber super, in einem Fell zu schlafen", verkündete Mats. „Das will ich auch!"

„Und wenn Sturm ist?" Birger schüttelte den Kopf. „Dann kannst du im peitschenden Regen auf Deck arbeiten! Dann bist du nass bis auf die Haut!"

„Bis auf die Unterhose!", lachte Mats begeistert.

Plötzlich schluckte Birger, während er weiter ins Buch sah. „Und weißt du noch was? Die Verpflegung an Bord war total eintönig. Was man essen konnte, musste alles sehr lange haltbar sein. Und es gab noch keine Konservenbüchsen!

Darum musste man das Fleisch oder was auch sonst trocknen, räuchern oder in Salz einlegen. Und darum gab es entweder Fleischtage mit gesalzenem Rindfleisch oder Speck mit Bohnen. Oder an Fischtagen gesalzenen Hering mit Erbsen."

Mats verzog das Gesicht. „Aber Gummibärchen sind auch sehr haltbar!"

Birger lachte auf. „Vergiss es! Dafür gab es aber trockenen Schiffszwieback!"

„Ist doch super!" Mats entspannte sich. „Zwieback ist auch süß!"

„Der nicht", brummte Birger. Er zeigte auf ein Bild im Buch. „Schiffszwieback war nicht wie unser Zwieback heute. Das waren flache, total harte Scheiben, manchmal tellergroß, die man so lange gebacken hat, bis sie trocken waren wie ein alter Kuhfladen. Dann vergammelten sie nämlich nicht so leicht. Den Zwieback konnte man überhaupt nur essen, wenn man ihn davor in Wasser oder Bier getaucht hatte."

„Eklig!" Mats verzog das Gesicht.

„Und warm hat man da nur ganz selten gegessen", fügte Birger hinzu. „Feuer auf dem Schiff durfte nämlich nur der Kapitän machen – wegen der Brandgefahr."

Mats lachte. „Wie im Stadion, da ist auch kein Feuer erlaubt!"

„Und weiß du noch was?", gluckste Birger plötzlich.

„Was?", fragte Mats.

„Der Kapitän hat auch verhindert, dass die Matrosen einfach am Tisch beim Essen kackten!"

„Beim Essen kacken!" Mats kreischte vergnügt auf. „Das gab's?"

In diesem Moment kamen ihre Eltern ins Zimmer. „Schlafenszeit, Kutten! Genug gelesen und genug Hansa für heute!"

„Mama!", rief Mats. „Wusstest du, dass Matrosen beim Essen gekackt haben?"

„Nein", antwortete seine Mutter.

„Nicht so schlimm", rief Mats. „Jetzt hast du es gelernt. Und wisst ihr was, morgen gehen wir wieder auf die Kogge. Und Papa?"

„Ja?"

„Nur der Kapitän hat verhindert, dass die Matrosen beim Mittagessen nicht einfach am Tisch kacken! Stell dir das mal vor."

Mats Vater verzog den Mund. „Nee", sagte er dann grinsend. „Das stelle ich mir nicht vor!"

Als die beiden Brüder kurz darauf eingeschlafen waren, träumte der eine von Fußball spielenden Walen in der Ostsee, die eine blauweiße Boje als Ball benutzten, und der andere, dass er in einem Fußballmuseum stand. In dieses kamen alle Legenden des Vereins, die je dort gespielt hatten, zu Besuch und erfreuten sich an der Ausstellung so sehr, dass sie zusammen ihre Lieblings-Hansa-Lieder sangen. Das wäre toll, dachte Birger selbst im Traum, wenn jeder Spieler aus jeder Zeit uns morgen erzählen würde, wie sich die Trainingsmethoden verändert haben und die Fußballtrikots, die Fußballschuhe, die Fußbälle und das Essen und überhaupt ...

SCHLAFENSZEIT, KUTTEN!

Es ist kein Zufall, dass der Torweltmeister von Mats Rainer-Juri-Enrico-Magnus-Pascal-Stefan-Schulz heißt. Denn das sind alles Namen berühmter Hansa-Spieler. Doch welcher Vorname gehört zu welchem Nachnamen? Verbinde die passenden Paare!

Rainer Enrico Pascal Axel

Juri Magnus Stefan

Jarohs Beinlich

Breier Schlünz Schulz

Arvidsson Kern

Auf den Seiten 108 und 109 kannst Du nachschauen, ob Deine Antworten richtig sind.

Für Hansa sind schon viele berühmte Spieler aufgelaufen. Weißt Du, wer dabei war und wer das Pech hatte, nie das Trikot mit der Kogge tragen zu dürfen?

Auf den Seiten 108 und 109 kannst Du nachschauen, ob Deine Antworten richtig sind.

a) Manuel Alter
b) René Schneider
c) Florian Wirtshaus
d) Paule Armlich
e) Steffen Baumgart
f) Oliver Neuville
g) Heiko März
h) Reiko April
i) Sebastian Steinschweiger
j) Markus Kolke
k) Christian Kinsombi
l) Philipp Schnell
m) Benjamin Uphoff
n) Franz Pfanne
o) Toni Kross
p) Jamal Musiala
q) Nico Neidhart
r) Joachim Streich
s) Rüdiger Antonio

4 FINSTERER GARTEN!

Während Mats und Birger und die anderen Bagaluten schliefen und von Fußball und der Kogge träumten, saßen in einem Kleingarten unweit des Ostseestadions drei jüngere Männer zusammen. Sie hockten um das Feuer eines Grills, auf ein paar abgesägten Baumkloben vor einem ausgemusterten grünen Armeezelt, und unterhielten sich.

Das alte Gartenhäuschen, das sich ebenfalls auf dem vom Unkraut wild überwucherten Gelände befand, konnten sie nicht mehr benutzen. Denn das war fast vollständig zerfallen. Es regnete durch das Dach und auch die Wände boten keinen Schutz gegen Kälte und Wind. Und wenn es nicht regnete, drang trotzdem ein feuchter Geruch zwischen den kaputten Brettern hervor.

Dennoch wäre hier ein wunderschöner Platz gewesen, wenn ihn nur jemand hergerichtet hätte. Denn der schmale und lange Schrebergarten lag, von großen und dichten Bäumen geschützt, direkt am Kringelgraben und hatte etwas Verwunschenes an sich. Selbst das hoch wuchernde Unkraut im vorderen Bereich trug seinen Teil dazu bei. Denn es verlieh dem Ort die Atmosphäre einer einsamen Insel, die kein Mensch zu sehen bekam, der sie nicht betrat.

„Was ist denn los, Flosse?“, fragte einer aus der Gruppe einen jungen Mann, der einen Hoodie trug. „Wer trifft sich denn

WAS IST DENN LOS, FLOSSE?

am Donnerstagabend hier draußen zum Grillen? Wir müssen morgen alle arbeiten. Sowas macht man am Wochenende."

„Dann ist es zu spät, Jörgi", gab der als Flosse Angesprochene zurück.

„Wofür?", grinste der Dritte. „Sind die Würstchen dann schlecht?"

„Quatsch nicht, Bommer!" Flosse biss in seine Wurst und kaute. „Iss lieber, du brauchst die Energie!"

„Wofür?", wollte Bommer wissen.

Er beugte sich neugierig vor.

„Ja, wofür?", wiederholte Jörgi, der eigentlich Jörgen hieß, aber das war seinen Freunden zu vornehm. „Was wird das hier? Du bist und bleibst doch der Anti-Schrebergarten-Män, sonst sähe das hier aber mal ganz anders aus. Warum gerade heute hier? Doch nicht nur für die Bratwurst!"

Bommer und Jörgen nickten sich zu. Dann riss Bommer plötzlich den Mund auf. „Sag nicht, du willst die Datsche doch wieder in Ordnung bringen, Flosse? Ich dachte ja immer, du bist der Erste, der den alten Spruch wirklich in die Tat umgesetzt hat: Ruinen schaffen ohne Waffen!" Er grinste schräg.

„Da liegst du schon richtig mit der Datsche", kaute Flosse. „Und bis morgen früh ist die fertig!"

Bommer holte Luft. „Echt? Eine Datsche? Echt, Flosse? Okay, bei einer Datsche, da bin ich dabei! Aber an einem Tag kriegen wir das nicht hin."

„Doch", sagte Flosse. „Nur nicht so, wie ihr denkt."

„Du hast nicht mal Baumaterial hier!“ Jörgen sah sich um. „Du willst die Wände ja wohl nicht aus Unkraut flechten!“ Er kicherte auf.

„Nein“, antwortete Flosse. „Die ist schon fertig!“

„Das ist sie!“ Jörgen wies auf die verfallene Datsche vor ihnen. „Völlig fertig sogar!“

„Nicht die, die neue“, gab Flosse zurück. „Wir müssen sie nur noch holen!“

„Eine ganze Datsche? Träum weiter!“, murmelte Bommer.

„Ist kein Traum“, gab Flosse zurück. „Ist Realität. Und wir holen sie mit meinem Auto und einem Anhänger. Den habe ich schon besorgt. Und ihr müsst mir helfen.“

„Nee, nee, nee“, brummte Bommer. „Um die Uhrzeit hat kein Baumarkt mehr geöffnet. Wo hast du überhaupt so viel Geld her?“

„Wir fahren zu keinem Baumarkt“, entgegnete ihm Flosse. „Und im Übrigen ist das, was wir holen, vollkommen umsonst.“

Bommer und Jörgen brachen in schallendes Gelächter aus. „Eine Datsche umsonst! Du bist ein Spinner, Flosse!“

„Eine Datsche für uns alle“, gab Flosse zurück. „Und vollkommen umsonst.“ Er sah seine beiden Freunde siegessicher an.

Sein Plan war perfekt, das wusste er. Flosse hatte den Garten von seinen Eltern übernommen, es aber wirklich nie fertiggebracht, aus diesem etwas zu machen.

Heute aber hatte er eine Idee gehabt, eine, die ihn elektrisierte.

Die Kogge der Hansa-Bälger war genau das, was er brauchte, um seine Freunde zu beeindrucken und ihnen endlich klarzumachen, dass er auch etwas taugte und seine Worte von der Datsche nicht einfach nur Gerede waren. Keiner der beiden anderen hatte ihm je Glauben geschenkt, wenn Flosse erzählt hatte, dass er den Garten schon noch hinbekommen würde. Selbst das Armeezelt, von ihm gekauft und ganz alleine aufgestellt, nahmen sie nicht für voll. Vielmehr war es für sie sogar eher der endgültige Beweis dafür, dass er die Datsche nie wieder instand setzen würde.

Jetzt aber wusste er, was er tun musste.

Er würde die Kogge mit seinen Freunden zusammen in seinen Garten bringen. Die Bäume und Büsche auf der Rückseite zum Flüsschen und die alte Laube nach vorne zum Weg schützten sie in dem verwilderten Garten vor fremden Blicken. Und außerdem würde er sie von außen mit all den alten Blumengittern seiner Eltern tarnen, die er noch in der Hütte gelagert hatte, damit niemand sie ihm klaute. Es würde die erste voll getarnte Holzkogge der Welt sein, die schönste Datsche, die man sich vorstellen konnte – in seinem Garten! Er würde eine Leiter anlegen, und Bommer, Jörgi und er könnten an Deck und an Regentagen und im Winter und wann immer sie wollten in der Kapitänskajüte des Schiffes die besten Partys feiern. Er würde laute Musik anmachen und seine beiden Freunde endlich beeindrucken.

Flosse beugte sich auf seinem Baumkloben vor. „Hört jetzt mal einfach nur zu“, sagte er. Dann breitete er seinen Plan vor seinen Freunden aus und sah befriedigt zu, wie deren Augen im Schein der Grillkohle größer und größer wurden.

HÖRT JETZT MAL EINFACH NUR ZU!

Während Flosse und seine Kumpane nur Blödes planen, erinnern wir uns lieber einmal an tolle Spiele des F.C. Hansa. Allerdings meinten sich vier dazwischenschieben zu müssen, die nie stattgefunden haben. Finde sie und setze die Lösungs-Nummern so zusammen, dass Du auf eine für Hansa ganz wichtige Zahl kommst! Welche wohl?

- Nr. 1) Borussia Dortmund – F.C. Hansa Rostock – **1:5**
- Nr. 2) F.C. Hansa Rostock – Eisenhütterstädter FC Stahl – **1:0**
- Nr. 3) F.C. Hansa Rostock – FC Barcelona – **1:0**
- Nr. 4) F.C. Hansa Rostock – TUS Koblenz – **9:0**
- Nr. 5) Quidditch Hogwarts – F.C. Hansa Rostock – **2:2**
- Nr. 6) Sachsenring Frankfurt/Oder – F.C. Hansa Rostock – **2:3 n.V.**
- Nr. 7) F.C. Hansa Rostock – Inter Mailand – **2:1**
- Nr. 8) FC Bayern München – F.C. Hansa Rostock – **1:2**
- Nr. 9) F.C. Hansa Rostock – SC Lokomotive Lummerland – **4:2**

Welche für Hansa wichtige Zahl hast Du herausgefunden?
Kleine Hilfe: Damit begann etwas ...

Auf den Seiten 108 und 109 kannst Du nachschauen, ob Deine Antworten richtig sind.

F.C. HANSA ROSTOCK – EINE WELT

Daniel Caligiuri aus den USA war der erste Ausländer, der bei Hansa spielte. Das war 1991. Seitdem haben ganz viele Fußballer aus zahlreichen Ländern bewiesen, wie schön und sinnvoll und erfolgreich es ist, wenn alle zusammenarbeiten – egal, woher jemand kommt. Bei Hansa standen Spieler aus den folgenden Ländern unter Vertrag: Angola, Ägypten, Belgien, Benin, Bosnien und Herzegowina, Brasilien, Bulgarien, Dänemark, Deutschland, Finnland, Frankreich, Ghana, Griechenland, Iran, Italien, Kamerun, Kanada, Kongo, Kroatien, Luxemburg, Montenegro, Namibia, Neuseeland, Niederlande, Nigeria, Nordmazedonien, Norwegen, Österreich, Philippinen, Polen, Portugal, Rumänien, Schweden, Schweiz, Serbien, Slowakei, Slowenien, Südafrika, Südkorea, Togo, Tschechien, Türkei, Ukraine, Ungarn, USA.

5 UNSINKBAR!

„... und dann müssen wir noch Geschichten von Fans aufnehmen, damit sich die morgen beim Spiel das alle anhören können! Das machen am besten Birger und Mats. Mats ist so ein Schnellquatscher, bei dem lachen sich die Leute schon tot, wenn sie ihn nur hören. Und wenn man gute Laune hat, erzählt man auch gerne selber etwas. Und außerdem ...", Finja verstummte mitten im Satz. Unwillkürlich streckte sie ihre Arme aus und griff nach Max und Oskar, mit denen sie gemeinsam auf das Ostseestadion zulief. Dann zeigte sie auf das große Tor, das offenstand.

Auch die beiden Jungen blieben wie angewurzelt stehen.

„Wo?" Oskar schüttelte den Kopf. „Wo ist die Kogge?"

„Weg!", entfuhr es Max.

Das beschrieb in einem Wort, was die drei Bagaluten sahen. Denn dort, wo gestern noch die Kogge gestanden hatte, herrschte jetzt gähnende Leere.

„Aber das kann nicht sein!" Oskar sah die beiden anderen Bagaluten fassungslos an. „Ein Schiff löst sich nicht in Luft auf. Und direkt vor dem Ostseestadion geht es auch nicht unter!"

„Die Kogge geht sowieso nicht unter, sie ist schließlich unsinkbar!", brummte Max, um beim nächsten Atemzug laut aufzustöhnen: „Aber wo ist sie dann?"

WO IST DIE KOGGE?

„Vielleicht haben sie sie vom Verein aus umgestellt? Weiter nach hinten am Stadion?“

Ohne ein weiteres Wort rannten die drei Bagaluten durch ein offenstehendes Tor aufs Gelände und weiter einmal rund um das Stadion. Doch die Kogge blieb verschwunden.

Oskar stöhnte ahnungsvoll auf. „Das Tor stand offen, Leute. Das ist doch sonst geschlossen! Vielleicht ist das ein blöder Witz? Oder sogar was Schlimmeres. Wenn das irgendwelche Fußballfeinde waren?“

„Niemals!“, rief Finja. „Das ist doch ein vollkommen durchgeknallter Gedanke.“

„Wieso?“, rief Oskar. „Die Feindschaft ist noch nicht zu Ende. Mein Vater …“

„So ein Schwachsinn!“, unterbrach ihn Finja. „Nur, weil mal ein paar Hools einen Fankrieg vom Zaun gebrochen haben, müssen wir den Wahnsinn ja nicht mitmachen. Ihr wisst ja wohl, dass ich von da komme.“

„Ja, klar“, meinte Oskar. „Aber du bist doch Bagalutin durch und durch!“

„Weil ich Fußball liebe!“, sagte Finja. „Und das tue ich, weil ich in Hamburg geboren worden bin und genauso, weil jetzt hier mein Zuhause ist. Und da war mein Vater genauso Hafenmeister wie hier. Und da ist Fußball genauso eine geile Sache wie hier.“

„Aber …“, rief Oskar.

„Aber was?“ Finja zeigte ihm einen Vogel. „Ehrlich, ich finde es da auch gut. Und auch, dass die da Fußball spielen und einen Verein haben. Dieser Hass-Stress zwischen Fußballvereinen ist sowieso bescheuert. Ich meine, ohne viele Vereine und ohne Liga gäbe es überhaupt keine Spiele. Und ohne diese dämlichen Feindschaften würde Fußball viel mehr Spaß machen.“ Finja war jetzt in Rage. „Ich finde doch keine Menschen blöd, nur weil die auf Hertha stehen oder Dresden. Und ich liebe doch nicht gleich jeden aus Malmö, weil der Fan von da uns die Kogge gebaut hat und schenkt! Vielleicht hat ja sogar einer aus Malmö die Kogge geklaut, aus Eifersucht!“

„Niemals!“, rief Oskar. „Warum soll das jemand tun? Ist doch auch viel zu weit weg!“

„Na, klar“, stöhnte Finja. „Aber aus einer anderen Stadt kommt jemand in der Nacht her und tut das. Woher soll der das denn überhaupt wissen, dass die Kogge hier ist?“ Finja schüttelte den Kopf.

„Naja“, meinte Oskar.

„Wo sie recht hat, hat sie recht“, murmelte Max beschwichtigend. „Um uns die Kogge zu klauen, musste man schon wissen, dass sie hier war.“

„Und wenn hier zufällig gestern jemand von da langgelaufen ist und sie gesehen hat?“, begehrte Oskar noch einmal auf.

„Albtraum-Wahn!“ Max schüttelte den Kopf. „Außerdem widersprichst du dir selbst. Wenn alle nur in Anti denken, kommt doch keiner von da her, um sich unser Ostseestadion anzusehen. Und dann muss man die Kogge auch erstmal noch wegschaffen. Das geht nicht ohne Auto und Anhänger.“

„Und nicht ohne Einbruch!“ Finja war näher an das Tor herangegangen. „Guckt mal, das Schloss ist aufgebrochen worden!“

Max biss sich auf die Lippen. „Dann muss jemand extra hergekommen sein, um sie zu stehlen.“

„Und zwar heute Nacht“, nickte Finja. „Piraten!“

„Piraten?“, wiederholte Oskar fragend.

„Piraten!“, bestätigte Finja. „Irgendwelche, die die Kogge gestern gesehen haben und sie uns nicht gönnen. Und Schiffe werden nun mal von Piraten gekapert und geklaut.“ Sie sah über die Straße zu den Wohnhäusern, die dort standen. „Aber die Leute, die hier wohnen, haben doch nichts gegen Hansa, oder?“ In diesem Moment ertönten helle Rufe vor dem Stadiongelände.

„Wo habt ihr denn die Kogge hingebracht?"

„Seid ihr damit weggesegelt?"

„Ihr wollt uns wohl einen Streich spielen? Dass wir denken, die ist weg, was? Haha, erwischt!"

Beeke, Birger und Mats kamen angerannt. Dann fiel Beekes Blick auf das aufgebrochene Schloss am Tor. „Warum ist denn das kaputt?" Sie blieb stehen. „Moment mal, heißt das, die Kogge ist wirklich nicht da?"

Finja, Oskar und Max nickten stumm.

Mats schluckte schwer. Auf einmal sah der jüngere der beiden Maatensbrüder aus, als müsse er weinen. „Ist die wirklich weg?", fragte er leise. „Aber sie kann ja nicht wirklich weg sein, weil ..." Mats zog die Nase kraus. „Eine echte Kogge löst sich nicht in Luft auf. Sie muss doch irgendwo anders sein?" Er blickte hilfesuchend in die Runde. „Oder hat sie jemand kaputt gemacht?"

Die übrigen Bagaluten sahen sich betreten an. „Wissen wir nicht", sagte Oskar dann.

„Hoffentlich hat sie nur jemand geklaut", fügte Max hinzu. „Dann ist sie wenigstens irgendwo!"

„Geklaut?", brüllte Mats. „Ihr meint, weil irgendjemand sie für sich haben wollte, als er sie bei uns gesehen hat!"

„Ja", erklärte Finja.

„Kann nur jemand sein, der sie hier gesehen hat", murmelte Birger. „So weit waren wir auch gerade gekommen", bestätigte Max den Gedanken.

„Aber wie?", rief Beeke. „Irgendjemand geht hier lang, sieht die Kogge und kommt dann nachts zum Klauen? Wer macht denn sowas?"

„Diebe!", brüllte Mats aufgeregt. „Sowas machen nur Diebe." Er riss die Augen auf. „Und dann verstecken die ihre Beute ..."

Birger sah seinen Bruder an. „Stimmt! Wer klaut, muss verstecken."

„Und wo versteckt man ein ganzes Schiff?", überlegte Beeke.

„Jedenfalls ja wohl kaum unter seinem Pullover!", rief Mats.

„Und nicht da, wo jede und jeder es sieht", nickte Beeke. „Also garantiert nicht am Hafen oder überhaupt am Wasser."

„Aber ohne Wasser kann man doch nichts mit einer Kogge anfangen", sagte Max nachdenklich.

„Dann hat sie vielleicht jemand aus Neid geklaut?", überlegte Finja. „Damit Hansa sie nicht hat?"

Oskar schüttelte den Kopf. „Glaube ich nicht. Ich weiß jetzt auch, warum das wirklich niemand aus Hamburg war.

Das meintet ihr ja wohl die ganze Zeit vorhin. So jemand hätte sie bestimmt einfach kaputt gemacht oder verbrannt oder beschmiert. Dann hätten wir uns alle richtig schlecht gefühlt."

Kaum hatte Oskar das gesagt, lachte Mats erleichtert auf. „Dann heißt das, sie ist noch irgendwo! Und zwar versteckt, damit niemand sie findet. Und das nicht am Wasser."

„Stimmt, alles glasklar", brummte Birger. „Aber was macht man mit einer Kogge fern von Wasser? Wer klaut eine Kogge, nur um sie zu verstecken?"

„Gute Frage", meinte Finja. „Keine Ahnung! Aber eins ist jetzt ja wohl klar, wir müssen sie suchen!"

„Und jeden fragen, ob er etwas weiß!", fügte Mats hinzu.

„Richtig!", sagte Max. „Und ich weiß auch, wo wir anfangen! Wir haben doch neulich die Stadionführung gemacht und sind auch im Stadion-Gefängnis gewesen."

„Wie soll denn da jemand was sehen? Von da kann man nicht mal aufs Spielfeld schauen", erklärte Oskar. „Ist doch extra so gemacht, damit, wer da rein muss, weil er Scheiß gebaut hat, nicht auch noch das Spiel sehen kann. Und über Nacht bleibt dort niemand eingesperrt. Das ist doch nur fürs Spiel."

„Richtig!" Max nickte. „Da befindet sich aber auch der Sicherheitsraum mit den Überwachungskameras. Vielleicht laufen die ja auch nachts!"

„Ist ein Plan!", befand Birger. „Probieren wir es!"

IST EIN PLAN!
PROBIEREN WIR ES!

DAS OSTSEESTADION

27. Juni 1954 Offizielle Eröffnung des Ostseestadions. An dessen Erbauung haben sehr viele Menschen mitgearbeitet. Nicht nur Bauarbeiter, Architekten, Ingenieure und Handwerker, sondern auch zahlreiche Einwohnerinnen und Einwohner Rostocks.

1954 Erstes Länderspiel im Ostseestadion. Aber keines im Fußball, sondern im Handball! Das erste Fußball-Länderspiel findet aber auch noch 1954 statt, gegen Polen.

14.11.1954 Erstes Spiel des SC Empor Rostock, des späteren F.C. Hansa, im Ostseestadion

1968 Fertigstellung des Tribünendachs

1970 Errichtung einer Flutlichtanlage

1992 Erster Einsatz einer computergesteuerten Großanzeigetafel

2. April 2000 Beginn des Umbaus in ein neues Stadion

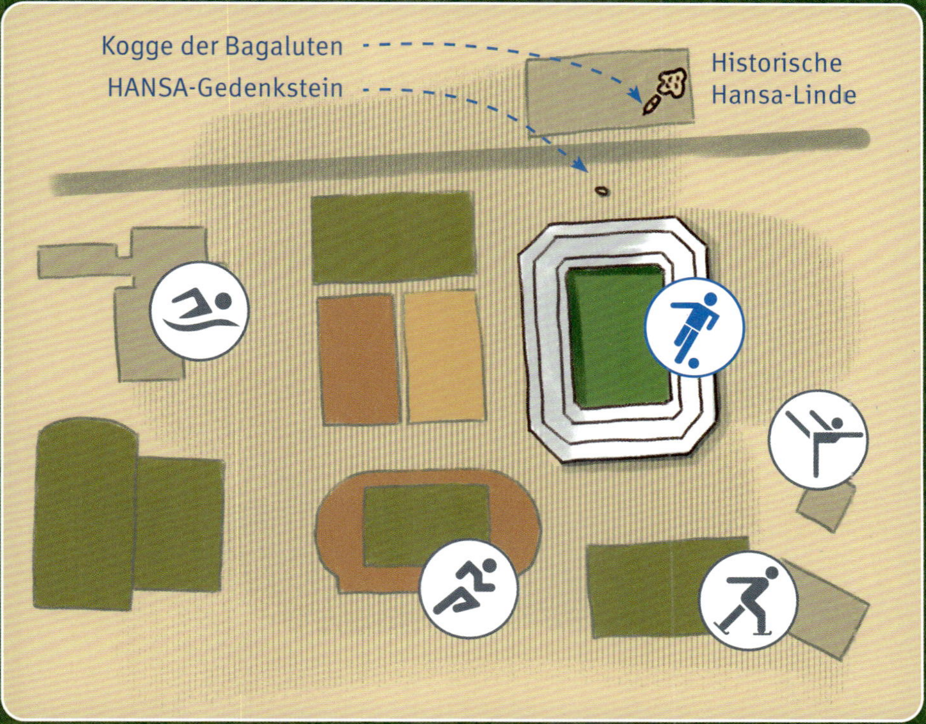

4. August 2001 Eröffnung des neuen Ostseestadions

1. Dezember 2023 Erstes Fußball-Länderspiel der Frauen in Rostock: Deutschland – Dänemark 3:0. Fast 20.000 Zuschauerinnen und Zuschauer sehen die Partie. Ins Stadion passen über 26.000 Menschen.

6

DEM MORGENGRAUEN ENTGEGEN

Als die Bagaluten den Sicherheitsraum erreichten, erwartete sie dort nicht nur der Sicherheitsverantwortliche für das Ostseestadion, Ole, sondern sie begegneten auch Christina und Markus. Die drei Erwachsenen blickten auf eine Reihe von Bildschirmen, die das Stadion in einer Aufzeichnung von außen zeigten. Oder, besser gesagt: zeigen sollten. Auf den Bildschirmen sah es nämlich so aus, als wäre es Nacht.

Unglücklich schauten die beiden Betreuer die Bagaluten-Bande an.

„Ihr habt wohl auch mitbekommen, was heute Nacht passiert ist?"

„Ja", antwortete Finja. „Die Kogge ist weg."

Die Erwachsenen schüttelten verzweifelt die Köpfe. „Ich bin als Erster heute früh hier angekommen", erklärte Ole. „Da war das Tor aufgebrochen. Dann bin ich sofort hier hoch, um die Kameras zu checken."

„Und?", erkundigte sich Max. Er deutete auf die riesige Anlage voller Knöpfe, Hebel und Bildschirme. „Kann man erkennen, wer der Täter war?"

„Bestimmt waren das ganz viele!", rief Mats. „Kein Mensch kann alleine unsere Kogge klauen. Bestimmt hat einer das Tor kaputt gemacht und alle zusammen haben dann …"

RAUCHBOMBE?

„Wir wissen es nicht“, unterbrach ihn Ole. „Man sieht nämlich nicht das Geringste, obwohl alle Kameras liefen.“

„Wieso?“, fragte Birger langsam.

„Sind die Kameras etwa auch geklaut worden?“, keuchte Oskar.

Christina schüttelte den Kopf. „Nein, aber ...“

„Rauchbombe“, sagte in diesem Augenblick Beeke. „Bestimmt Rauchbombe.“

„Richtig“, rief Christina. „Wie kommst du denn darauf?“

„Fußballstadion und Rauchbombe, das liegt doch leider nah“, meinte Beeke. „Wäre ja nicht das erste Mal.“

„Eine Kogge klaut man nicht zu Fuß“, rief Mats dazwischen. „Man muss mit einem Auto kommen und einem Trailer. So, wie sie auch hergebracht wurde. Das muss man doch trotz einer Rauchbombe sehen können.“

„Richtig“, nickte Ole. „Da war ein Auto mit Trailer. Aber den Trailer brauchten sie ja nicht mehr zu klauen. Da war ja noch der aus Malmö. Und die Diebe waren auch nicht zu erkennen.“

„Und leider sind die Nummernschilder verklebt“, meinte Christina.

„Die waren schlau“, fügte Markus hinzu. „Erst haben sie Rauchbomben geworfen, dann das Tor aufgebrochen und dazu haben sie auch noch Masken getragen. Und zwar Hansa-Schals, als wollten sie uns verhöhnen.“

„Das wollten sie nicht nur, das haben sie!“, rief Oskar.

Max stöhnte. „Aber das heißt, die hatten eine Anhängerkupplung am Wagen.“

„Das heißt es“, nickte Christina.

„Die Kogge kann ja längst sonst wo sein …“ Finja schluckte.

Ole schüttelte den Kopf. „Nein, der Trailer wurde heute Morgen am Hafen gefunden. Die Polizei hat vorhin Bescheid gegeben. Wir haben ihn natürlich als gestohlen gemeldet. Den hat da jemand in der Nacht auf dem Parkplatz neben einem der großen Speicher abgestellt.“

„Aber die Kogge fehlte?“, folgerte Finja.

„Genau“, antwortete Ole.

„Können wir die Videos einmal sehen?“, fragte Mats. „Vielleicht erkennen wir ja was.“

„Ihr wollt etwas erkennen, das wir nicht erkannt haben? Na, das will ich sehen!“ Ole schüttelte ungläubig den Kopf, spielte dann aber die Kameraaufzeichnungen im Schnelllauf für alle noch einmal von vorne.

Gleich darauf sahen die Bagaluten in schöner Reihenfolge aus verschiedenen Kameraperspektiven das Spielfeld und die Zuschauerränge bei Nacht, die Fahnen, die im Nachtwind flatterten, die Kogge, die friedlich vor dem Stadion stand – und dann auf einmal dicke Rauchschwaden, in denen sich drei Gestalten hurtig umher bewegten.

„Das sind erwachsene Männer“, meinte Beeke. „Und zwar nicht besonders sportliche!“

„Stimmt“, grinste Max. „Trainierte Fußballer sind das nicht!“

In diesem Moment beugte sich Birger dicht an den Bildschirm. Er streckte den Finger aus, als wollte er in diesen hineinfassen. „Nichts zu erkennen“, murmelte er. „Und doch …“

„Was und doch, Birger?“, rief Mats aufgeregt. „Was denn und doch?“

„Da steht ein Auto am Trailer“, sagte Birger bedächtig.

UND PLÖTZLICH WURDE
DER BILDSCHIRM SCHWARZ.

„Aber das hat doch verklebte Nummernschilder“, rief Mats. „Das sieht man ja!“

„Ja“, nickte Birger. „Aber das Auto“, fuhr er dann langsam fort, „das kennen wir vielleicht!“

„Ich nicht“, rief Finja.

„Doch“, sagte Birger. „Das ist vielleicht das Auto von gestern auf dem Parkplatz.“

„Nee!“, brüllte Mats. „Das war gold. Und das hier ist weiß oder grau oder so.“

„Auf dem Bildschirm schon“, sagte Birger. „Aber der ist schwarz-weiß!“

„Stimmt“, flüsterte Max plötzlich. „Von der Form her war es so ein Auto.“

In diesem Moment passierte auf dem Bildschirm etwas sehr Merkwürdiges.

Eine der Gestalten kam immer näher an die Kamera. Dann hob sie eine Hand, und plötzlich wurde der Bildschirm schwarz.

„Was ist denn jetzt los?“, fragte Beeke.

Ole schüttelte den Kopf. „Die haben die Kamera gesehen und sie mit einer Farbdose zugesprayt.“

„Die haben also auch noch die Kameras aus dem Spiel genommen“, keuchte Beeke.

„So ein Unglück!“, rief Mats.

„Und wisst ihr was?“, setzte Beeke hinzu. „Dann wissen die, dass da Kameras sind. Und dann würde ich, wenn ich an ihrer Stelle wäre, nie wieder hier parken mit meinem Auto. Das könnte ja jemand erkennen.“

Max seufzte. „Logisch!“

„Dann stellt sich jedoch die Frage", sagte Finja, „warum hat er gestern hier geparkt?" Sie legte nachdenklich ihren Kopf schief.

„Was hilft uns das, die Kogge wiederzufinden?" Mats sah ganz rot um die Augen aus. „Wenn die wissen, dass sie gesehen worden sind, kommen die nie wieder her. Und dann finden wir auch nie eine Spur von ihnen. Da können wir uns jahrelang auf dem Parkplatz auf die Lauer legen."

Birger sah sich in dem Sicherheitsraum um. „Guter Gedanke, Mats", brummte er leise.

„Was ist denn daran gut?" Mats stöhnte. „Das ist alles voll schlecht!"

„Nee, ist es nicht!" Birger grinste. „Die haben nicht nur die Kogge geklaut, sondern auch unser Museum. Und das kann uns helfen!"

„Wie denn?" Mats schüttelte den Kopf. „Ein paar coole Trikots und Eintrittskarten helfen uns doch nicht. Die kommen ja nicht zu uns geflogen und schreien, dass wir sie retten sollen."

„Klar", meinte auch Oskar. „Und wir haben auch keine Drohnen, die wir über die Stadt fliegen lassen können, um die Kogge zu suchen. Wir sind hier nämlich nicht in einem Superhelden-Film."

„Aber wir sind Hansa", sagte in diesem Moment Birger. „Und keiner von allen Hansa-Fans will das Museum verlieren, bevor jeder es gesehen hat! Bestimmt nicht."

Finja riss den Mund. „Du meinst, wir sind viele!"

„Sehr viele!", sagte Birger. „Ganz Rostock."

Auf einmal waren die Bagaluten Feuer und Flamme.

„Wir könnten jeden Hansa-Fan bitten mitzumachen und zu helfen!“, sagte Beeke.

Als die übrigen Bagaluten sie anschauten, war es das erste Mal an diesem Morgen, dass auf allen ihren Gesichtern ein Lächeln erschien.

Wer arbeitet alles bei Hansa?
Und was gibt es in dem Verein nicht?

1) Pressesprecherin
2) Fußballspieler
3) Busfahrer
4) Astronaut
5) Rasenpfleger
6) Vorstandsvorsitzender
7) Zeugwart
8) Torpfostendarsteller
9) Schwalbenbeauftragter
10) Koordinator Sicherheitsdienst
11) Schiedsrichterpfeifenträger
12) Leiterin der Bagaluten
13) Fanbeauftragter
14) Trainer
15) Pausenclown
16) Koggenschiffbauer
17) Maskottchen
18) Eigentorbeauftragter
19) Masseur
20) Stadionversprecher
21) Reinigungskraft
22) Ticketverkäufer
23) Mannschaftsarzt
24) Stadionsprecher

Auf den Seiten 108 und 109 kannst Du nachschauen, ob Deine Antworten richtig sind.

WOZU, BITTE SCHÖN, BRAUCHT MAN DENN EINEN ZEUGWART?

Bewacht der das Zeug des Torwarts, wenn der spielt? Ein Mitglied der Bagaluten würde solche Fragen nie stellen. Denn die Bagaluten wissen, wie wichtig ein Zeugwart ist. Ohne ihn würden die Spieler möglicherweise in Unterhosen oder nur mit dreckigen Trikots aufs Feld laufen. Sie hätten vielleicht keine Schuhe an oder nur Badelatschen. Es gäbe für die Mannschaft nichts zu trinken. Und noch viel mehr würde passieren, wenn nicht Hansa einen Zeugwart hätte – zudem auch noch einen der berühmtesten: Andy Thiem. 1988 hat er bei Hansa zu arbeiten begonnen, da war Toni Kroos noch nicht mal geboren. Um alles, was die Ausstattung der Mannschaft betrifft, hat er sich zu kümmern. Darunter eben auch um die Fußballschuhe der Spieler, um Getränke zum Erfrischen und um die Trikots. Sauber sollen sie sein, sodass jeder die Rückennummer lesen kann und den Namen seines Trägers. Und wer ist für diese Beschriftung zuständig? Richtig! Der Zeugwart.

7

WEIL WIR HIER ZUSAMMEN SIND

„Und wie machen wir jetzt genau weiter?“ Oskar sah Beeke fragend an.

„Jetzt gehen wir alle unsere Bagaluten-Freunde befragen.“

„Du meinst, wir rufen sie alle an und fragen, ob sie die Kogge gesehen haben?“

„Ja“, sagte Beeke ernsthaft. „Anders geht es nicht.“

Birger wiegte den Kopf. „Ich hoffe nur, dass uns niemand für verrückt hält. Stellt euch vor, jemand ruft an und fragt: Hey, hier Mats von den Bagaluten. Sag mal, hast du heute Morgen irgendwo in Rostock eine Kogge gesehen!“

Mats kreischte auf. „Wieso sagst du meinen Namen?“

„Naja, nur so, weil du mein Bruder bist“, grinste Birger. „Auf alle Fälle würde ich dann antworten: Mann, du Nase! Wir sind die Kogge, jeder von uns! Also guck in den Spiegel oder fahr zum Ostseestadion, da ist alles Kogge!“

„Nix ist Kogge ohne Kogge!“, brüllte Mats.

„Ich weiß“, brummte Birger. „Aber alle die, die die Kogge noch gar nicht in echt gesehen haben, können das nicht wissen. Ich würde mir jedenfalls erst einmal denken, dass mich da jemand veräppelt.“

„Trotzdem!“, beharrte Beeke.

EIN AUTO AUF DER OSTSEE?

„Dann fragen wir eben nicht, ob jemand die Kogge gesehen hat, sondern ein Schiff!“, schlug Finja vor.

Mats kicherte. „Ja, ja, hallo, hast du heute Morgen ein Schiff vor dem Fenster gesehen? Es muss direkt vom Ostseestadion gekommen sein ...“

Auf einmal lachten alle, selbst die Erwachsenen. „Das klingt wirklich zu daneben“, nickte Christina.

„Und wenn wir ein Suchfoto machen?“, schlug Finja vor.

„Wovon denn?“, fragte Max.

Finja wurde rot. „Stimmt“, murmelte sie.

„Aber die Leute, die sie auf dem Parkplatz gesehen haben“, fiel jetzt Oskar wieder ein, „die werden doch wissen, was wir meinen.“

„Und wer hat sie hier gesehen?“, rief Birger. „Und wer von denen, die das haben, hat danach auch noch gesehen, wie sie geklaut wurde? Das ist doch schlimmer als eine Nadel im Heuhaufen zu suchen.“

„Nee, das ist eine Kogge in der Stadt suchen“, sagte Mats. „Das kann doch nicht so schwer sein! Ein Auto auf der Ostsee würde doch auch total auffallen.“

„Klingt gut“, bestätigte Max. „Hilft aber trotzdem nicht.“

Er schüttelte den Kopf. „Also gut, bevor wir alle anderen Bagaluten und Fans anrufen und ihnen lang und breit erklären müssen, worum es geht, gehen wir besser erstmal auf den Parkplatz und gucken, ob wir da jemanden finden, der was gesehen hat oder weiß."

Birger nickte schwer. „Das ist vermutlich eine gute Spieleröffnung. Vielleicht haben wir ja Glück."

Mit ein wenig hängenden Köpfen, weil sie sich nicht sicher waren, ob ihre Idee überhaupt eine Idee war, machten sich die Bagaluten auf den Weg.

Sie überquerten noch die Straße vor dem Hansa-Stein, als auf dem Parkplatz eine junge Frau angefahren kam, ihr Auto abstellte und ausstieg.

„Hansa vor!", rief Mats halblaut und rannte auf sie zu. „Hallo! Haben Sie vielleicht eine Kogge gesehen?"

Die Frau sah ihn an und zog eine Augenbraue in die Höhe. „Sieh dich mal um", lächelte sie. „Ihr seid wohl neu hier?"

„Nein!", beteuerte Mats. „Wir suchen die Kogge und …"

„Hier ist nicht der Hafen", unterbrach ihn die Frau. „Was du meinst, ist kein Schiff, sondern die Hansa-Kogge. Damit meinen wir Hansa Rostock, den Verein." Sie deutete über die Straße. „Da drüben!"

„Weiß ich doch: Das ist die Hansa-Kogge!", sagte Mats. „Aber die meine ich nicht. Obwohl eigentlich schon. Aber eben nicht genau die, weil meine Freunde und ich …"

„Ja?", fragte die Frau. „Kannst du dich vielleicht mal umdrehen. Das Stadion liegt genau hinter euch."

„Da kommen wir doch gerade raus", rief Mats. „Aber wir suchen nicht das Stadion, sondern eine Kogge! Haben Sie vielleicht heute Nacht eine richtige Kogge gesehen, ein Schiff aus Holz mit einem Segel, auf dem ein weißer Greif sitzt?“

„Aha?“ Die Frau sah Mats zweifelnd an. „Ich fürchte, da musst du doch zum Hafen“, fügte sie dann hinzu. „Aber da gibt es, ehrlich gesagt, auch keine Koggen. Koggen sind uralte Schiffe, die es früher mal gab.“

Mats seufzte. „Also, Sie haben keine gesehen?“

„Noch nie im Leben“, antwortete die Frau.

„Mist“, rief Mats und blickte traurig auf den Boden. „Hätte ja sein können.“

Die Frau schüttelte den Kopf. „Eher nicht!“

Sie schloss ihren Wagen ab und ging davon.

„Komm schon, wir schaffen das!“ Beeke trat neben Mats und legte ihm die Hand auf die Schulter. Mats drehte sich zu ihr und den anderen um. Dabei fiel sein Blick auf den Asphaltboden.

„Was ist das denn?“, stieß er hervor und bückte sich. Er wies auf die Straße. „Ist das Blut?“

Jetzt beugte sich auch Beeke vor. „Nee!“

„Und was ist das dann für ein roter Streifen?“

Max sah Birger an. „Das ist rote Farbe ...“

„Rote Farbe?“ rief Birger. „Wir haben doch gestern rote Farbe ...“

„Ja!“, rief Mats. „Und wisst ihr was Irres? Ich habe vergessen, den Deckel auf die Dose zu machen!“

„Und die Dose stand in der Kogge, genau am Eingang“, sagte Birger. „Da habe ich sie abgestellt.“

„Das ist eindeutig Hansa-Rot!“, meinte Finja. Sie bückte sich und roch an dem roten Streifen. „Farbe, ganz deutlich.“

Plötzlich hob Max den Kopf. „Und da vorne ist noch ein Klecks."

„Klar", rief Oskar. „Farbe fließt nicht so schnell wie Wasser. Weil sie nicht so flüssig ist."

„Dann ist das eine Farbspur", keuchte Mats. „Niemand hat die Kogge gesehen, aber sie hat uns eine Farbspur hinterlassen, damit wir sie sehen. Uns! Den Bagaluten! Weil wir Hansa sind – und sie ist die Hansa-Kogge."

„Wow!" Max richtete sich hoch auf und sah die Straße entlang.

„Los!", brüllte Oskar. „Los, jetzt! Bagaluten! Ihr nach!"

„Ja, ihr nach!", brüllte auch Finja.

Birger klopfte Mats auf die Schulter. „Super, dass du den Deckel vergessen hast. Deswegen sind wir jetzt im Angriff und nicht mehr in der Verteidigung. Hoffen wir mal, dass unser Farbeimer nicht zu schnell leergelaufen ist."

„Niemals", sagte Mats ernst. „Denn das ist Hansa-Rot." Und dann fügte er hinzu: „Das ist sozusagen echtes Greifenblut! Und wenn wir die finden, die uns die Kogge geklaut haben, dann sage ich euch eins. Denen werden wir die Suppe versalzen, egal was die vorhaben!"

„Ja", nickte Birger. „Guter Plan!"

„Genau!", brüllte Mats. „Niemand klaut den Bagaluten ihre Hansa-Kogge, ohne dafür zur Rechenschaft gezogen zu werden."

„He!", mahnte Beeke. „Lasst uns vorsichtig sein. Wer eine Kogge klaut, nimmt bestimmt auch keine Rücksicht auf Kinder."

„Egal", verkündete Mats. „Dann nehmen wir auch keine Rücksicht auf die!"

DAS IST ECHTES GREIFENBLUT!

Original oder Fälschung

Flosse und seine Kumpane waren nicht die Ersten, die sich kein bisschen benehmen konnten. Eines Tages, als Christina mit den Bagaluten das Stadion besichtigte, entdeckte ein Mädchen namens Letje, dass das am Westeingang angebrachte große Hansa-Logo mit der Kogge anders aussah als üblich. Da hatte doch tatsächlich jemand das richtige gegen ein falsches eingetauscht.

Auf den Seiten 108 und 109 kannst Du nachschauen, ob Deine Antworten richtig sind.

Zum Glück waren ihm jedoch Fehler unterlaufen – gleich 7 an der Zahl! Und zum Glück gab es die Bagaluten, die alle die Fehler entdeckten, sodass sie schnell korrigiert werden konnten. **Findest Du sie auch?**

8 ZUSAMMEN ...

Die Greifenblutspur, wie Mats sie schauerlich nannte, führte die Bagaluten am Stadion vorbei auf eine große Straße, bog dann links ab, passierte den Zoo und einen großen Friedhof und schwenkte schließlich nach links ab, auf einen erst schlecht asphaltierten, bald nur noch sandigen Weg. Dieser führte direkt in ein Gartengebiet mit vielen Datschen. Aber leider hörte die Spur hier plötzlich mit einem letzten Klecks auf. Nur noch ein paar Reifenspuren waren sichtbar, die sich dann aber immer mehr verliefen.

„Was hat das denn zu bedeuten?", fragte sich Finja laut. „Wer klaut denn ein Schiff, um es in einen Garten zu bringen?"

„Dahinten ist doch ein kleiner Fluss", rief Beeke. „Vielleicht sind sie da abgehauen?"

„Das ist kein Fluss, sondern ein spindeldürrer Bach", verbesserte sie Max. „Der Kringelgraben. Da kann man höchstens ein Papierschiffchen fahren lassen."

„Sehr gut!", brummte Birger.

„Was ist denn daran gut?", wollte Oskar wissen. „In den Gärten ist die Kogge bestimmt nicht und in den Bach passt sie nicht. Dann hat die vielleicht jemand zu Brennholz zerlegt."

„Nein!", rief Mats ängstlich.

„Bestimmt nicht", beruhigte ihn sein großer Bruder. „Aber, wo kein Wasser ist, da ist kein Weg. Jedenfalls nicht für unsere

Kogge. Und mit dem Auto fährt die doch niemand quer durch ein Gartengebiet. Das geht doch nur im Schneckentempo. Das wäre wirklich plemplem."

Mats schlug sich aufgeregt vor den Kopf. „Du meinst, dass sie bestimmt irgendwo da drin ist?"

Birger nickte.

„Entführt in einen Garten?", murmelte Beeke. „Wer's glaubt, wird selig! Wozu denn und wie soll das gehen?"

„Allerdings!", rief Max. „Man kann keine Kogge in einen Garten entführen. Die sieht man doch sofort."

„Deswegen werde ich jetzt auch nach ihr suchen", flüsterte Finja. „Wenn sie hier ist, dann finden wir sie."

„Die ist bestimmt hier", sagte Birger. „Das sagt die Logik!"

Die Bagaluten gingen weiter und folgten dem Sandweg. Dieser verlief schnurgerade, wurde aber nach einigen Metern von einem anderen gekreuzt. Und so ging es ein paar Mal weiter. Suchend liefen die Freunde die vielen Wege auf und ab, spähten über die Zäune in die Gärten und sahen nichts anderes als Büsche, Bäume und ein paar alte Datschen. Doch von der Kogge war keine Spur zu entdecken.

Ab und zu erblickten die Bagaluten jemand, der in seinem Garten arbeitete. Doch wen sie auch fragten, von einer Kogge hatte niemand etwas gesehen und die Leute lachten, wenn die Bagaluten davon anfingen.

„So ein Mist, dass die Farbe alle war", seufzte Mats. „Jetzt sind wir ohne Spur und alle denken, wir spinnen."

Beeke schüttelte den Kopf. „Birger hat recht! Aber aufgeben gilt nicht! Irgendwann bekommen wir unsere Chance. Eine Kogge kann nicht spurlos verschwinden." Sie deutete auf

SIE MÜSSTE EIGENTLICH SCHON VON WEITEM ZU SEHEN SEIN!

die Gärten und die darin liegenden Hütten. „Außerdem ist sie größer als jede der Datschen. Sie müsste eigentlich schon von weitem zu sehen sein."

„Wenn sie überhaupt noch hier ist!" Oskar sah sich traurig um. „Vielleicht haben die Diebe sie ja doch einfach nur hier durchgebracht und sind auf der anderen Seite weiter."

„Niemals", erklärte Birger. „Das wäre doch total dumm, hier reinzufahren, wenn hier nicht irgendwas ist, wo die hinwollten."

Oskar biss sich auf die Lippe. „Stimmt auch wieder und immer noch!" Er drehte sich um. „Also nochmal von vorne! Wir gehen jetzt noch einmal ganz durch und gucken, ob am Rande des Grabens wirklich keine Spuren zu sehen sind. Und genauso machen wir es mit jeder Hecke und jedem Zaun hier drin. Wer eine Kogge hier hereinbringt, muss eine Spur hinterlassen. Auch ohne rote Farbe!"

„Greifenblut", flüsterte Mats. „Vielleicht finden wir irgendwo doch noch einen Tropfen Greifenblut!"

Dem Plan stimmten alle zu.

Es verging über eine Stunde, bis die Bagaluten sich sicher waren, dass die Kogge das Gartengebiet höchstwahrscheinlich nicht wieder verlassen hatte. Kein Zaun, keine Hecke, kein Busch, kein Uferstück und keine Schranke trug irgendein verräterisches Zeichen.

Finja sah die anderen an. „Also, das bedeutet: Mit an Sicherheit grenzender Wahrscheinlichkeit muss unsere Kogge noch hier sein."

„Ja", meinte Max. „Aber mit genauso an Sicherheit grenzender Wahrscheinlichkeit hat ja wohl offenbar niemand von uns sie hier gesehen." Er sah die anderen forschend an. „Wie also kann eine Kogge mitten in diesen Gärten verschwinden?"

„Kann sie eben nicht", erklärte Finja.

„Und warum sehen wir sie dann nicht?" Mats klang entmutigt.

Plötzlich nickte Birger entschlossen. „Ich habe eine Idee!"

„Meinst du, sie hat sich in den fliegenden Holländer verwandelt?", fragte Beeke mutlos.

„Nein", gab Birger zurück. „Aber sagen wir mal so ... Ich meine, jeder von uns kennt doch die auf der Südtribüne, die Pyro einschmuggeln und dann zünden."

Die Bagaluten sahen sich an und nickten.

Birger nickte ebenfalls. „Und wir alle wissen, dass das verboten ist."

„Ja, und außerdem gilt anfeuern statt losfeuern!", brüllte Mats.

„Das passiert in jedem Fußballstadion", beschwichtige Oskar. „Viele Ultras sagen, das gehört dazu."

„Trotzdem ist es verboten und gefährlich", wiederholte Birger. „Da gibt es nichts!"

Finja nickte. „Nicht mal eine Wunderkerze ist erlaubt."

„Und trotzdem", fuhr Birger fort, „werden die, die das zünden, eigentlich nicht so oft erwischt. Obwohl sie offen auf der Tribüne stehen."

„Na, klar werden sie das nicht", meinte Beeke. „Weil sie Kutten tragen und sich ihren Schal oder sonst was vor das Gesicht binden. Dann sehen sie fast gleich aus. Wie soll man die da schon unterscheiden?"

„Moment mal", sagte Max. „Meinst du, Birger, nicht nur

diese Fans sehen so ziemlich gleich aus, sondern auch hier wirkt alles so ähnlich? Büsche und Bäume und Datschen …“

„Hier sieht doch nichts wie unsere Kogge aus“, krähte Mats. „Kein Busch und keine Datsche sieht aus wie ein Schiff!“

„Eben“, erklärte Birger. „Aber was ist, wenn wir sozusagen den Wald vor lauter Bäumen nicht sehen?“

Finja sah Birger an und nickte langsam. „Das ist eine gute Idee. Eine sehr kluge Idee!“

„Was?“, fragte Mats. Er stand mit offenem Mund da und sah zwischen Max, Finja und Birger hin und her. „Glaubt ihr, die Kogge hat sich von einem Holzschiff zurückverwandelt in lebendige Bäume?“

Finja grinste. „Nein“, sagte sie dann. „Niemand kann einen Kochlöffel wieder zurück in einen Ast verwandeln.“

„Das sage ich doch", rief Mats.

„Du musst weiterdenken", sagte Finja. „Bagalutenmäßig!"

„Bagalutenmäßig?" Mats schüttelte sich. „Wie ein Lümmel? Wie ein Flegel? Wie ein Beutel voller Plündergut?" Er drehte den Kopf hin und her. Dann hielt er plötzlich inne und stieß hervor: „Na, klar! Na, klar! Jetzt ist es mir klar!"

„Nicht wahr?", meinte Birger. „Im Grunde ist es doch ganz einfach."

„Ja!", rief Mats. „Ja, klar. Du denkst, dass jemand die Kogge verkleidet hat. Und dass sie jetzt so aussieht wie irgendwas im Garten. Also zum Beispiel wie eine Datsche mit Bäumen drumherum oder so." Er fing an, wild hin und her zu trippeln. „Aber das heißt, wir müssen noch genauer hingucken als bisher!"

„Wir müssen ganz genau hingucken", bestätigte Birger. „Höchstwahrscheinlich sind wir heute schon einmal an unserer Kogge vorbeigelaufen und haben sie nicht auf den ersten Blick erkannt."

„Boah!", sagte Mats. „Das ist krass! Eine getarnte Kogge. Aber wie haben die das geschafft?"

„Gute Frage", brummte Birger.

ABER DAS HEIßT,
WIR MÜSSEN NOCH
GENAUER HINGUCKEN!

Die Diebe hielten sich für schlaue Leute. Doch die rote Kleckerspur aus Greifenblut hat verraten, wo sie langgefahren sind. Findest Du auch den Weg zur Kogge, den die Bagaluten genommen haben? Tipp: Auf Seite 78 kannst Du das noch einmal nachlesen.

UND WER MÄHT DEN RASEN?

Gärtner bei Hansa? Mit dem Rasenmähertrecker über das Spielfeld im Ostseestadion fahren? Das muss doch ein Vergnügen sein! Und ist eigentlich keine Arbeit, oder? Denkste!
Denn warum sind wohl beim F.C. Hansa gleich mehrere für den Bereich „Greenkeeping“ zuständig? Weil es viel zu tun gibt! Mähen, klar! Aber zum Beispiel auch das Belüften der Rasenfläche mit sehr kleinen Löchern im Boden, sodass Wasser schneller abfließt und selbst bei starkem Regen nicht Wasser-, sondern Fußball gespielt werden kann. Oder das Düngen, damit der Rasen überall gut wächst. Oder das Ziehen von Kalkstreifen, auf dass jeder sieht, wo angestoßen werden muss, wo sich der Strafraum befindet und wo der Elfmeterpunkt.
Greenkeeper gibt es auch bei anderen Sportarten. Zum Beispiel beim Golf. Hier ist allerdings darauf zu achten, dass auf die Spielfläche ein größeres Loch gehört – als Tor sozusagen, in das die Golfbälle hinein sollen. Gäbe es solche Öffnungen auf der Rasenfläche des Ostseestadions, dann würden Trainer, Spieler und die Fans sicher die Greenkeeper löchern, wie das nur passieren konnte.

?
ZOO
ZOO

9 … UND AUCH BEI WINDSTÄRKE 10

Ein paar Stunden zuvor …

Die Frage der Bagaluten war tatsächlich eine sehr kluge. Sie konnten ja schließlich nicht wissen, was ein paar Stunden zuvor passiert war …

„Hammer, Hammer, Hammer! Was für eine Hammer-Idee, Flosse!“ Bommer und Jörg standen neben dem kleinen Bagger, den sie sich noch am Abend vor ihrem Einbruch vom Vorsitzenden des Datschen-Vereins unter dem Vorwand, einen größeren Baum transportieren und einpflanzen zu wollen, ausgeliehen hatten.

„Gut, dass du an das Ding gedacht hast, Flosse!“, fügte Bommer hinzu.

„Klar doch“, antwortete Flosse. „Wusste doch, dass der Schuricht das Ding hier hat. Und für das Loch ist der genau richtig.“

Jörg nickte begeistert. „So ins Erdreich versenkt, sieht das Schiff kaum größer aus als eine normale Datsche.“ Er zeigte auf die Eingangstür der Kapitänskajüte. „Die ist leider abgeschlossen. Und wir haben keinen Schlüssel.“

„Das brechen wir später auf“, erklärte Flosse. „Jetzt tarnen

wir die Kogge erstmal. Das ganze Unkraut in meinem Garten ist dazu genau richtig. Sie wird aussehen wie ein riesiger Komposthaufen!"

Bommer schlug sich auf die Schenkel. „Genial, Flosse! Du hast endlich eine Datsche und groß was dafür machen musst du nicht."

Bommer blickte in die Höhe. „Aber was ist mit dem Segel? Wenn das jemand sieht, wird er kaum glauben, dass das eine Unterhose auf der Wäscheleine ist."

Jörg prustete los. „Niemals!"

Flosse schüttelte den Kopf. „Das ist feinstes Segeltuch. Das verkaufen wir. Ihr müsst es nur einholen. Von dem Geld, das wir dafür bekommen, werde ich gleich noch ein paar schöne dichte Hecken besorgen. Damit machen wir den Garten dann absolut blickdicht."

Seine beiden Freunde sahen ihn voller Bewunderung an. „Wie bist du nur darauf gekommen?"

Flosse kratzte sich am Schädel. „Ihr habt doch immer gesagt, dass ich es nicht schaffe, eine Datsche zu bauen. Und ihr habt recht. War nämlich auch gar nicht nötig. Sie ist mir nämlich frei Haus geliefert worden." Er lachte zufrieden. „Und wisst ihr was? Immer, wenn ich ab jetzt das Gebrüll aus dem Stadion höre, werde ich in dem Ding sitzen und mitjubeln. Denn ohne Hansa hätte ich keine Hütte."

Bommer und Jörg grinsten. „Und die Kinder, die du auf dem Parkplatz getroffen hast, werden aus der Wäsche gucken, als hätte Hansa zehn zu null verloren, wenn sie ihre Kogge nicht finden."

„Zehn zu null?", rief Flosse. „Hundert zu null, da könnt ihr aber Gift drauf nehmen, ihr Klabautermänner!"

Unter lautem Lachen holten die drei das Segel ein und stopften es in Flosses goldenes Auto. Vor der Abfahrt ordnete

Flosse allerdings noch an: „Zuerst tarnen wir noch unsere neue Datsche!“ Er schüttelte den Kopf. „Irgendwie hatte ich es doch immer im Gefühl, dass ich das ganze Unkraut nicht verbrennen sollte. Es ist doch wirklich so, wie man sagt: Unkraut vergeht nicht, Unkraut ist immer noch zu was gut!“

Nach getaner Arbeit stand die eingegrabene Kogge wie eine Datsche mit runden Ecken im hintersten Teil von Flosses Garten und war außerordentlich gut getarnt. Rund um sie herum türmten sich Unkraut, Äste und ein paar Rankhilfen. Sie verliehen dem Seefahrzeug das Aussehen einer etwas ungepflegten alten Datsche. Der kaputte Schuppen davor tat sein Übriges dazu.

Als das erledigt war, begaben sich die Gauner zu Flosses Wagen und fuhren den Trailer zum Hafen, wo sie ihn in einer stillen Ecke abstellten.

Ein paar Stunden später ...

„Ich fasse es nicht!“, stöhnte Mats. Und dann stand dem jüngeren der beiden Maatensbrüder wirklich der Mund offen.

„Echt!“, bestätigte Birger. „Wie haben die sie da eingegraben? Wie haben die das geschafft?“ Es war wahrscheinlich das erste Mal überhaupt, dass Birger direkt hintereinander mehr Worte sagte als sein kleiner Bruder.

„Das ist wirklich unsere Kogge?“ Beeke klang, als habe sie einen Kloß verschluckt.

„Ganz klar!“, flüsterte Finja, die ihre Stimme unwillkürlich gesenkt hatte. „Die sieht aus wie eine ganz normale Datsche, wenn man nicht sehr genau hinguckt.“

„Das ist ja wohl auch der Plan", meinte Max. Der Größte der Bagaluten sah sich um. „Interessant, guckt euch das mal an. In allen anderen Gärten ist eine Datsche, aber in diesem nicht. Nur so ein verfallenes Ding."

„Glasklar", sagte Beeke. „Da wollte jemand eine Datsche, weil er keine hatte. Und hat unsere Kogge geklaut, um keine bauen zu müssen. Fauler Zauber, sage ich dazu."

Oskar musterte den Gartenweg vor dem Zaun. „Hier sind Baggerspuren. Seht ihr? So haben die das gemacht." Plötzlich ruckte sein Kopf in die Höhe. „In ein paar Wochen wäre die Kogge unter dem ganzen Unkraut für immer verschwunden gewesen. Wisst ihr, wie schnell das Zeug wuchert, wenn man sich nicht darum kümmert? Die wäre weg gewesen wie Dornröschen im Schloss bei der bösen Hexe."

„Ja", stöhnte Beeke. „Aber wie bekommen wir sie wieder raus? Da hat doch irgendjemand mächtig gearbeitet ..."

„Es wird auch irgendjemand wieder mächtig arbeiten müssen", entgegnete Birger. Sein Gesicht glühte finster. „Wir lassen uns doch nicht die Kogge klauen, damit es sich jemand da gemütlich drin einrichtet. Noch dazu mit dem halben Hansa-Museum und unserer Bagaluten-Kajüte!"

„Aber wie?", rief Mats.

„Alleine schaffen wir das nicht", entgegnete Max. „Dazu braucht man einen Bagger."

„Das dürfen gerne die Diebe selbst machen", rief Beeke.

„Oder es geht noch besser! Und ich weiß auch, wie wir das hinbekommen." Max probierte die Klinke an der Gartentür aus. „Hier ist nicht abgeschlossen. Da scheint sich wer aber sehr sicher zu fühlen." Er lächelte entschlossen. „Jetzt

JETZT ENTTARNEN WIR ERSTSMAL DIE KOGGE!

enttarnen wir erstmal die Kogge. Wir räumen das ganze Unkraut weg. Und bis die Diebe zurückkommen, haben wir mit etwas Glück hoffentlich dafür gesorgt, dass jeder in der Siedlung weiß, was für eine Sauerei hier abgeht!"

„Aber", jammerte Mats, „wenn die Diebe uns sehen, dann sperren die uns ein oder fesseln uns an den Mast oder …"

„Nichts davon wird passieren!", unterbrach ihn Max. „Wir sichern uns ab!" Er deutete umher. „Guckt euch mal die Gärten an. Und zwar schön in die Höhe!"

Die Bagaluten drehten sich allesamt einmal um die eigene Achse. Dann rief Oskar: „Da sind überall Hansa-Fahnen!“

„Ja!“ Mats sprang wild in die Höhe. „Das sind alles Hansa-Fans!“

„Genau!“, sagte Max. „Wir sind hier nicht die einzigen.“

„Stimmt“, sagte Birger. „Und wir sind die Mannschaft von unserer Kogge.“

Finja holte Luft. „Wir sind die Mannschaft, genau! Und eine Mannschaft von einer Kogge ist wie eine Mannschaft beim Fußball!“

„Richtig!“ Beeke stemmte die Arme in die Hüfte.

Mats lachte hell auf. „Ich bin zwar noch kein Mann und trotzdem bin ich von der Mannschaft!“

„Und wen braucht die Mannschaft, wenn es schlecht um sie steht in einem Spiel?“ Finja sah die Bagaluten erwartungsvoll an. „Na?“

„Den zwölften Mann“, rief Oskar.

„Haha, nee!“, rief Finja. „Eine Frau! Zwei Frauen? Ganz viele!“

„Die zwölfte Frau“, rief Beeke. „Und die dreizehnte!“

„Die Fans!“, rief Max. Er grinste breit und deutete wieder auf die Fahnen. „Los, Bagaluten! Trommeln wir die alle zusammen, holen wir alle, die da sind, aus den Datschen und überhaupt von überall hierher! Handys raus und Megaphon her. Du hast doch den Schlüssel, Finja?“ Er sah Finja an. „Da ist doch das Megaphon in der Kajüte.“

„Klar!“ Die Bagalutin zog ihr Schlüsselband hervor.

„Los zum Entern“, brüllte Mats.

Die Bagaluten holten Luft. Dann stieß Birger die Gartentür auf und alle rannten, ohne sich noch einmal umzusehen, durch den verwahrlosten Garten direkt auf die Kogge zu.

An Bord angelangt, öffnete Finja die Kajütentür, und im nächsten Augenblick hatte sich Oskar das Megaphon geschnappt.

„Hoch in den Ausguck!", brüllte Finja.

„Bin schon da!" Oskar schwang sich am Mast empor in das Krähennest.

„Und wenn die zurückkommen?", japste Mats.

„Wir sind schneller im Angriff als die in der Verteidigung!", rief Finja.

Und so war es.

Oskar stand schon über den Baumwipfeln und sah mit seinen wilden Haaren in dem mit Ästen getarnten Krähennest aus wie ein Mittelsäger-Bagalutenvogel, der sich ein Megaphon wie einen Riesenschnabel vor den Mund hielt.

„Besser als Kalle!", grinste Beeke.

„An alle Hansa-Fans", rief Oskar nun gellend. „Hier sprechen die Bagaluten! Heute Nacht ist am Ostseestadion die Hansa-Kogge geklaut worden. Ein Geschenk von Malmö FF an unseren Verein. Aber wir haben sie gefunden! Sie ist jetzt in dem Garten, in dem bisher keine Datsche war, sondern nur ein kaputter Schuppen. Wem auch immer der Garten gehört, er hat sie gestohlen. Und bei sich eingegraben. Und jetzt brauchen wir eure Hilfe, Hansa-Fans! Rettet die Kogge!"

In diesem Moment tauchte der erste Kopf aus einem Datschenfenster auf. „Unsinkbar!", rief eine Frau. „Los, Detlev, komm mal helfen!"

LOS, JETZT ARBEITEN WIR, WO ANDERE URLAUB MACHEN!

„Schon da, Martina!“ Ein dicker Mann kam angerannt. „Ruf mal meinen Bruder an“, rief er seiner Frau noch zu. Die zückte bereits ihr Handy.

Es dauerte nicht lange und der Garten mit der Kogge war dicht mit Menschen bevölkert, von denen viele Werkzeuge und Gartengerät mitgebracht hatten. Eine Frau mit einem uralten Hund, der schon graue Barthaare hatte, stand genauso bereit wie ein Kuttenträger. Und dann kam auch der Vorsitzende der Gartenkolonie mit seinem Bagger an.

„Hansa in Not?“, rief er. „Was ist denn hier los?“

Diesmal trat Mats vor. „Die Kogge ist geklaut worden! Die haben die hier eingegraben.“

„Ach, deswegen wollte Herr Flosse den Bagger“, rief der Vorsitzende. „Ich hatte gehofft, er macht sich an die Arbeit, seinen Garten in Ordnung zu bringen, und reißt die alte Datsche ab! Aber die steht ja immer noch da.“

Eine Frau lachte. „Los jetzt! Wir arbeiten, wo andere Urlaub machen! Bagaluten, jetzt packen wir alle mit an.“

Es dauerte nicht lange und die Leute standen staunend vor der Kogge. „Tatsächlich eine Kogge“, rief die Frau mit dem alten Hund. „Wirklich eine Kogge!“

„Die ist aber mal wirklich zu groß für einen Goldfischteich, Frau Grabowski“, lachte der Vorsitzende, während er auf seinem Bagger weiter vorsichtig beim Ausgraben half.

Und schließlich lag die Kogge wieder frei.

„Mensch, zu dieser Aktion gehört sich ein Lied!“, rief Max.

Die Erwachsenen sahen die Bagaluten an. Finja lachte. Dann stimmte sie die Hansa-Hymne an: „Wer hat die schnellsten und die allerschönsten Fußballbeine …“

Es dauerte keine Minute und rund um die Kogge erhob sich der Gesang aus dutzenden Kehlen.

Bei diesem Anblick und den vielen Stimmen verstummte selbst Mats. Er griff die Hand seines großen Bruders. Birger drückte sie wortlos. Die Bagaluten sahen sich glücklich an.

Als das Lied verklungen war, flüsterte Mats Birger zu: „Und was machen wir jetzt?"

„Wir sind die Mannschaft", antwortete Birger, „und alle hier im Garten sind der zwölfte Mann. Alle zusammen sind wir Hansa."

„Ja", sagte Mats. „Und der Kogge ist nichts passiert."

„Jetzt muss sie nur noch zurück, wo sie hingehört", nickte Birger.

„Und was ist mit denen, die sie geklaut haben?", flüsterte Mats.

„Die kommen bestimmt bald wieder hier in den Garten", grinste Birger. „Und ich habe so eine Ahnung, wie schnell denen klar werden wird, dass sie sich so was nie wieder erlauben können. Zumal ja jeder hier weiß, wer sie sind. Abhauen können die also nicht mehr."

„Bagalutenklar", nickte Mats. „Die zweite Halbzeit geht an uns!"

DIE ZWEITE HALBZEIT
GEHT AN UNS!

Die Bagaluten haben den Fall gelöst! Ahu! Vielleicht löst Du auch dieses letzte Rätsel des Buches. 9 Fragen sind zu beantworten, aus denen sich dann eine frech-fröhliche Lösung ergibt.

1) Wo fand das wohl berühmteste Spiel des F.C. Hansa Rostock statt, mit dem sich die Mannschaft am letzten Spieltag der Saison 1998/1999 vor dem Abstieg rettete? Durch Tore von Oliver Neuville, Victor Agali und Slawomir Majak. Es wird noch heute als Wunder bezeichnet, das Wunder von ...

a) Rostock
b) Bochum
c) Berlin.

Trage den ersten Buchstaben des richtigen Städtenamens unten für das Lösungswort ein.

2) Er spielte, da waren vermutlich noch nicht einmal eure Eltern geboren. Trotzdem ist er bis heute Hansas Rekord-Nationalspieler. 102-mal lief er für die Auswahl der DDR auf, zu einer Zeit, als Deutschland in zwei Teile geteilt war (in die DDR und die BRD). Sein Nachname erinnert an ein Märchen, wo es um „Sieben auf einen ...“ geht. Wichtig für unser Lösungswort ist der dritte Buchstabe seines Vornamens.

3) Er ist einer der berühmtesten Fußballer der letzten Jahrzehnte. Hat ganz viele Pokale gewonnen – als Spieler und als Trainer. Und er hat im Ostseestadion gespielt. Einmal. Gegen Hansa. Im Europapokal. Und verloren. 0:1. Allerdings hatte seine Mannschaft das Hinspiel 3:0 gewonnen. Deshalb schied Hansa dann doch aus. Wie heißt der Fußballer? Für das Lösungswort brauchst Du den ersten Buchstaben seines Nachnamens:

a) Pep Guardiola
b) Didier Deschamps
c) Zinédine Zidane

4) Schweden ist Rostock näher als zum Beispiel Bayern. Kein Wunder, dass beim F.C. Hansa immer mal wieder schwedische Spieler aufliefen. Einer von ihnen, ein Stürmer, war fünf Jahre Mitglied der Kogge, schoss allerdings nur 20 Tore. Trotzdem liebten ihn die Fans. Und er liebte Hansa. Wie heißt der Offensivspieler, der 2002 von Helsingborgs IF nach Rostock wechselte? Der Lösungsbuchstabe findet sich an zwei Stellen: als zweiter Buchstabe seines Vornamens und als fünfter und damit zugleich letzter seines Nachnamens.

5) Er gewann den Weltpokal, die Champions-League, den UEFA-Cup (der heute Europa League heißt), machte 137 Länderspiele, gehörte Mannschaften mit großen Namen an: Ajax Amsterdam, FC Barcelona, FC Liverpool. Und er spielte auch für Hansa Rostock. Zwar nur ein paar Monate im Jahr 2005, aber die Fans haben ihn nie vergessen. Seine letzte Station als Profifußballer lässt erahnen, aus welchem Land er kam: HJK Helsinki. Für das Lösungswort brauchst Du den ersten Buchstaben des Nachnamens.

6) Wie lautet der 3. Buchstabe eines Fan-Rufs, der immer wieder im Ostseestadion zu hören ist?

7) Bekannt ist er vor allem als Musiker. Als Rapper. Überall in der Welt tritt er auf. Aber er vergisst nicht, wo er herkommt: aus Rostock. Und von welchem Verein ist er einer der größten Fans? Klar: von Hansa! Von seinem Namen brauchst Du den vierten Buchstaben.

a) Marteria
b) Apache 207

8) Ohne sie würde man den Schiedsrichter gar nicht hören. Auf jeden Fall nicht im Ostseestadion. Wo es immer so viele Fangesänge gibt. Wie heißt das Gerät, das zu Freistößen führt, Eckbällen, Einwürfen, manchmal auch Elfmetern? Und ohne das ein Spiel nicht anfangen und auch nicht enden würde? Den gesuchten Buchstaben gibt es bei dem Wort gleich zweimal: an dritter und sechster Stelle.

9) Wer ist der 12. Mann – der übrigens auch eine Frau sein kann oder ein Mädchen oder ein Junge? Wir suchen die Mehrzahl des Wortes. Von den vier Buchstaben brauchst Du den vorletzten.

LÖSUNGSWORT

1	2	3	4	5	6	7	8	9

Auf den Seiten 108 und 109 kannst Du nachschauen, ob Deine Antworten richtig sind.

10 … WIR LIEBEN DICH TOTAL!

Samstagfrüh war es rund um das Ostseestadion voll. Es war sogar sehr voll und sah ganz so aus, als wären alle über 28 000 Mitglieder von Hansa persönlich gekommen, um das Freundschaftsspiel gegen Malmö FF mitzuerleben – und um sich das auf allen Kanälen angekündigte Hansa-Rostock-Museum in der Hansa-Kogge persönlich anzuschauen oder etwas mitzubringen, das darin unbedingt noch ausgestellt werden sollte.

Die Bagaluten standen in ihren Bagaluten-Shirts an Deck der Kogge, über ihren Köpfen flatterte das weiße Segel mit dem roten Greif leicht in der Brise. Mit dabei war der Onkel von Max, René, der genauso rote Haare hatte wie sein Neffe. Er hatte sich mit seinem geliebten Trikot aus der Saison 1989/1990 neben dem zum Hansa-Geschichten-Rekorder umgebauten Funkgerät aufgebaut und fragte jeden, der vorbeikam, ob er oder sie nicht eine Geschichte für die Fans hätte.

Viele hatten eine und gaben sie gerne zum Besten.

Zwischendrin wandte sich Onkel René immer wieder an Finja oder Oskar oder Mats oder Beeke und fragte Sachen wie: „Und warum ist das Segel wieder da? Das wollten die Gauner doch verkaufen?"

Dann erklärten ihm die Bagaluten, dass jeder Geschäftsinhaber am Hafen, dem das Segel vorgelegt worden war, den

Kopf geschüttelt und erklärt hatte: „Das gehört eindeutig Hansa! Bringt das dem Verein zurück. Egal, wo ihr es herhabt, das muss in den Verein."

„Und dann im Garten?", wollte Onkel René wissen.

„Mussten sie das Segel abgeben und die Kogge auch. Die haben wir selbst mit dem Hansa-Bus und dem Trailer abgeholt. Sicher ist sicher!"

Onkel René nickte. „Das habt ihr mehr als gut gemacht! Ich gehe nachher die Riesenfahne schwenken auf der Südtribüne, dann erzähle ich das alles meinen Kumpels."

„Ja", meinte Oskar. „Das sollen alle wissen."

Beeke lachte. „Als die drei Diebe zurückgekommen sind zu der Datsche und die Kogge war ausgegraben und die ganzen Leute standen drumherum, da wussten sie sofort, was passiert war."

„Das war nicht zu übersehen!", nickte Oskar.

„Und dieser Flosse, der hat sogar ausgesehen, als ob er sich schämt", erklärte Finja. „Der ist richtig rot und dann käsebleich geworden."

„Aber das alleine reicht nicht", fügte Birger hinzu.

„Was passiert denn mit den Dieben?", fragte Onkel René weiter.

Beeke und Finja sahen ihn ernst an. „Die müssen vor Gericht wegen Diebstahls."

„Und werden vielleicht zusätzlich zu ihrer Strafe Sozialarbeit leisten müssen", fügte Beeke hinzu. Finja nickte. „Wenn sie Glück haben, dürfen sie das bei unserer Inklusionsmannschaft probieren. Aber sie müssen beweisen, dass sie es schaffen und keine Scheiße bauen."

ICH DARF LINIENRICHTER SEIN!

Mats nickte bedeutungsvoll. „So ist das eben! Seefahren ist kein Zuckerlecken, das weiß jeder hier."

Bei diesen Worten strahlte Onkel René. „Die Geschichte werdet ihr euch noch erzählen, wenn ihr alt und grau seid."

„Aber ich werde nicht alt und grau", rief Mats. „Ich bleibe immer jung und schlau!"

Max´ Onkel lachte. „Das werde ich nachher Max sagen, wenn er mit seiner Aufgabe fertig ist. Das nehme ich mir nämlich auch immer vor. Nur dass ich nicht blond und schlau bleibe, sondern rot und schlau!" Er deutete auf seine roten Locken.

Die Bagaluten sahen in die große Menschenmenge vor dem Stadion. In das bunte Treiben unmittelbar vor Spielbeginn mischten sich nicht nur Rostocker. Dazu kamen Fans aus dem ganzen Norden und von weiter her, aus Berlin zum

Beispiel und Potsdam, und natürlich auch noch die Freunde aus Malmö. Sie hatten ihre eigenen Trikots und Fahnen mitgebracht, von denen nach dem Spiel manch eine ebenfalls im Museum bleiben sollte.

Es war das, was den Fußball seit Anbeginn ausmachte: ein Verein mit seinen Mitgliedern und Freunden, in dem alle, die es wollten, ihren Spaß hatten und zusammen etwas machten, was ihnen wirklich gefiel. Und jeder trug seinen Teil dazu bei.

Mitten durch die Menge liefen auch die drei Schiedsrichter. Es waren ein Schwede und ein Deutscher und Max, der zur Feier des Tages zum ersten Mal in seinem Leben als Linienrichter bei einem großen Spiel auflaufen durfte.

Begeistert winkte er seinen Freunden an der Kogge zu. „Ich darf Linienrichter sein! Ich bin Linienrichter! Gleich geht's los!"

„Und wir sind Ballmädchen!", riefen Finja und Beeke.

„Und ich Balljunge", brüllte Mats. „Die anderen sind bei den Auflaufkindern dabei!"

In diesem Moment kamen Christina und Markus an die Kogge. Sie trugen die Meisterschale und den Pokal, mit den drei Fußballern darauf, die Hansa beide im selben Jahr vor langer Zeit gewonnen hatte.

„Hier, die werden mit ausgestellt!", rief Christina. „Und morgen früh fahren wir alle mit dem Bagaluten-Bus und den beiden Prachtstücken nach Malmö und nehmen unseren Zeugwart und den Vereinschef mit … und wer noch so will aus dem Verein. Da geht das Fest weiter."

„Ja!", jubelte Oskar. „Es hat geklappt! Wir fahren nach Malmö!"

„Hat es“, sagte Christina. „Ich freue mich auch schon wie blöd.“

„Und wisst ihr was?“, fragte Markus.

„Was denn?“, fragte Beeke zurück.

„Der Bus heißt ab jetzt offiziell Bagaluten-Mobil! Das haben wir heute entschieden, weil ihr die Kogge gerettet habt.“

„Oh, Leute!“, rief in diesem Moment Birger. „Wie krass! Und wisst ihr was? Aus Malmö bringen wir eine Flasche Blaubeersaft mit!“

„Aha?“, fragte Finja.

„Nicht aha! Ahu!“, lachte Birger. „Schließlich muss unsere Kogge doch noch getauft werden!“

„Stimmt!“, rief Beeke. „Das hätten wir in der Aufregung beinahe vergessen. Und zwar Hansa-Kogge! Einen anderen Namen kann es nicht geben!“

„Kann es nicht“, nickte Oskar

„Ahu!“, riefen Finja und Mats und gleich darauf alle Bagaluten. In diesen Ruf stimmten alle Besucher des Spiels mit ein. Und damit hörten sie tatsächlich an diesem Tag auch nicht mehr auf, weil kurz darauf alle zusammen im Stadion standen oder saßen und zusahen, wie Hansa und Malmö FF das Spiel gegeneinander eröffneten, bei dem Max am Seitenrand einen Linienrichter gab und seine roten Locken vor dem grünen Rasen nur so hin und her flogen.

ALLE ZUSAMMEN
SIND WIR HANSA!

ERGEBNISSE

Seite 19

Trainer bei Hansa waren nur a), e), g), i), k), l) und n). Die anderen nicht, selbst Toni Kroos trainierte Hansa bisher nie. Aber sein Vater, Roland Kroos, der schon! Und zwar viele Jahre. Unter anderem die U19 des Vereins.

Seite 40

Folgende Namen gehören zusammen: Rainer Jarohs, Juri Schlünz, Enrico Kern, Magnus Arvidsson, Pascal Breier, Stefan Beinlich und Axel Schulz.

Seite 41

Für Hansa spielten: b), e), f), g), j), k), m), n), o), q) und r). Toni Kroos lief allerdings „nur“ in den Jugendmannschaften des F.C. Hansa auf.

Seite 68

Da mehr richtig als falsch ist, hier nur die falschen Antworten: 4), 8), 9), 11), 15), 16), 18), 20).

Seiten 76/77

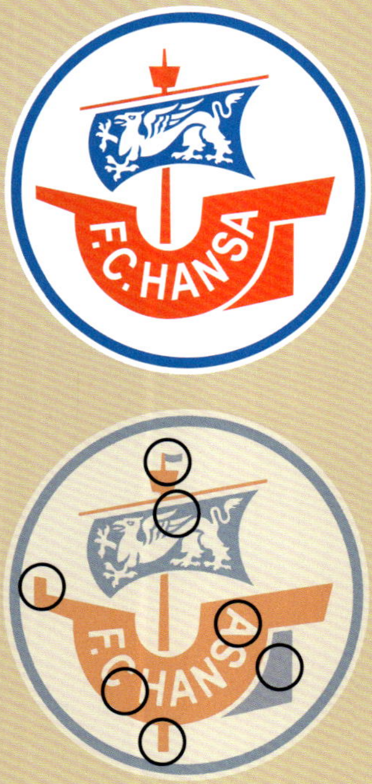

Seite 87

Seiten 100/101

1b)	**B**ochum	**B**
2)	Jo**a**chim Streich	**A**
3a)	Pep **G**uardiola	**G**
4)	Rade Pric**a**	**A**
5)	Jari **L**itmanen	**L**
6)	Ah**u**	**U**
7)	Mar**t**eria	**T**
8)	Pf**e**if**e**	**E**
9)	Fa**n**s	**N**

Seite 48

Nr. 1 ist falsch, aber am 3. Spieltag der Bundesliga-Saison 1991/1992 gewann Hansa zu Hause gegen Dortmund mit 5:1. Wen wundert´s? Am Spieltag zuvor hatten sie bei Bayern München gewonnen. Siehe bei Nr. 8.

Nr. 2 ist richtig. 1991 gewann Hansa gegen Eisenhüttenstadt das Endspiel um den NOFV-Pokal, den Pokal des Nordostdeutschen Fußballverbandes.

Nr. 3 ist richtig. Am 2. Oktober 1991 schlug Hansa den großen spanischen Verein im Europapokal der Landesmeister (heute Champions League), schied aber aus, weil das Hinspiel 0:3 verloren worden war.

Nr. 4 ist richtig: Die Torschützen am 8. Spieltag der Saison 2008/2009 der 2. Bundesliga waren am 19. Oktober 2008: Orestes (21. Minute), Kevin Schindler (28.), Enrico Kern (32.), Orestes (53.), Andreas Richter (63., Eigentor), Fin Bartels (66.), Enrico Kern (76.), Benjamin Lense (81.) und Robert Lechleiter (90.).

Nr. 5 ist falsch, obwohl Hansa natürlich bezaubernd ist!

Nr. 6 ist falsch. Sachsenring Frankfurt/Oder gab es nie, allerdings spielte einst viele Jahre in der Oberliga (sozusagen der 1. Bundesliga der DDR) die BSG Sachsenring Zwickau, die sogar einmal ins Halbfinale eines Europapokals gelangte und sich heute FSV Zwickau nennt. Der bedeutendste Fußballverein in Frankfurt/Oder war der FC Vorwärts. Mehrmals nahm er am Europapokal teil, schlug u.a. jeweils einmal Juventus Turin und den SV Werder Bremen. Heute nennt man sich 1. FC Frankfurt und spielt nicht mehr in oberen Ligen.

Nr. 7 ist richtig. Im November 1969 traf Hansa im Messecup (heute Europa League) auf Inter Mailand. Der Sieg im Hinspiel reichte allerdings nicht, da die Rostocker im Rückspiel 0:3 verloren.

Nr. 8 ist richtig. 1991/1992, in der ersten Bundesliga-Saison des F.C. Hansa, gewannen die Rostocker am 1. Spieltag 4:0 gegen den 1. FC Nürnberg, am 2. Spieltag 2:1 bei Bayern München und am dritten Spieltag 5:1 gegen Borussia Dortmund – siehe oben bei Nr. 1. Der Neuling Hansa führte die Tabelle an – auch noch am 4. und 5. Spieltag –, stieg dann aber doch am Ende der Saison in die 2. Liga ab.

Nr. 9 ist falsch. Wobei, wer bei dem Namen lacht: Einer der berühmtesten Vereine der DDR war der 1. FC Lokomotive Leipzig. Lok Leipzig gibt es immer noch, allerdings ist die Mannschaft nicht mehr so erfolgreich wie früher.

Und welche Zahl wurde gesucht?
Klar: 1965, jenes Jahr, in dem der F.C. Hansa gegründet wurde.

Boris Pfeiffer, geboren 1964 in Berlin, ist Autor und Theaterregisseur. Seit 2003 schreibt er Kinderbücher. Über einhundert Werke von ihm sind mittlerweile erschienen, darunter viele Bände der Reihe „Die drei ??? Kids". Mit Geschichten, in denen auch immer mal wieder Fußball eine Rolle spielt. Kein Wunder, denn Boris ist Fußball-Fan. Meist besucht er Spiele in seiner Heimatstadt, aber er ist auch schon im Ostseestadion gesehen worden.
www.borispfeiffer.de

Silke Herr, 1968 in Warnemünde geboren, lebt in Rostock. Seit 2015 ist sie freiberuflich als Illustratorin und Grafik-Designerin tätig, so auch mehrfach für den Hinstorff Verlag. Silke hat gegenüber Boris einen großen Vorteil: Sie muss von zuhause nur ein paar Stationen mit der Straßenbahn fahren oder ein bisschen zu Fuß gehen – und schon ist sie im Ostseestadion. Manchmal trifft sie da übrigens auf eine Gruppe Kinder … sehr fröhliche und ein bisschen freche Kinder.
www.frauherrausr.de

HÜPFBURGEN • POPCORN • ZUCKER WATTE • BALLONS
SLUSHY ICE • FROZEN MILK SHAKES • SOFTEIS
OSTSEESTADION
HÜPFBURG
CENTER
ROSTOCK
www.huepfburgcenter.de

Die Deutsche Bibliothek verzeichnet diese Publikation in der Deutschen Nationalbibliografie; detaillierte bibliografische Daten sind im Internet über www.dnb.de abrufbar.

Lagerstraße 7, 18055 Rostock
Tel. 0381/4969-0
www.hinstorff.de

1. Auflage 2024
Herstellung: Hinstorff Verlag GmbH
Lektorat und Mitmachseiten: Thomas Gallien
Foto S. 69: F.C. Hansa Rostock
Illustration und Layout: Silke Herr, Rostock
Druck und Bindung: optimal media GmbH
Printed in Germany
ISBN 978-3-356-02497-5